좋은언어연구회 지음

태을출판사

♧ 영어의 글자와 발음

A a	〔ei〕	에이	N n	〔en〕	엔
B b	〔bi:〕	비	O o	〔ou〕	오우
C c	〔si:〕	시	P p	〔pi:〕	피
D d	〔di:〕	디	Q q	〔kju:〕	큐
E e	〔i:〕	이	R r	〔ɑ:/ɑə′〕	아ㄹ
F f	〔ef〕	에프	S s	〔es〕	에스
G g	〔dʒi:〕	지	T t	〔ti:〕	티
H h	〔eitʃ〕	에이취	U u	〔ju:〕	유
I i	〔ai〕	아이	V v	〔vi〕	브이
J j	〔dʒei〕	제이	W w	〔dʌ́blju:〕	더블유
K k	〔kei〕	케이	X x	〔eks〕	엑스
L l	〔el〕	엘	Y y	〔wai〕	와이
M m	〔em〕	엠	Z z	〔zed/zi:〕	제트

● 우리는 영어를 배우면서, 항상 영문법(英文法)이 어렵다고 생각한다. 물론 쉽지만은 않은 학문임에 틀림없다. 그러나 한 가지 분명한 것은, '그 근본을 알면 한결 쉬워진다'는 점이다.

♧ 독일어의 글자와 발음

A a	[ʔa:]	아아	N n	[ʔɛn]	엔
B b	[be:]	베에	O o	[ʔo:]	오오
C c	[tse:]	체에	P p	[pe:]	페에
D d	[de:]	데에	Q q	[ku:]	쿠우
E e	[ʔe:]	에에	R r	[ʔɛr]	에르
F f	[ʔɛf]	에프	S s	[ʔɛs]	에스
G g	[ge:]	게에	T t	[te:]	테에
H h	[hɑ:]	하아	U u	[ʔu:]	우우
I i	[ʔi:]	이이	V v	[fɑu]	파우
J j	[jɔt]	요트	W w	[v:]	베에
K k	[kɑ:]	카아	X x	[ʔiks]	익스
L l	[ʔɛl]	엘	Y y	[ʼypsilɔn]	윕실론
M m	[ʔɛm]	엠	Z z	[tsɛt]	체트

●독일의 글자는 16세기 초에 생기었다. 그러나 현재는 거의 쓰이지 않고 유럽 여러 나라에서 공통으로 쓰이고 있는 '로마자(字)'를 사용하고 있다. 그러나 글자는 로마자이지만 발음은 독특하다.

♧ 불란서어의 글자와 발음

A	a	[a]	아	N	n	[ɛn]	엔
B	b	[be]	베	O	o	[o]	오
C	c	[se]	세	P	p	[pe]	빼
D	d	[de]	데	Q	q	[ky]	큐
E	e	[e]	에	R	r	[ɛ:r]	에에르
F	f	[ɛf]	에프	S	s	[ɛs]	에쓰
G	g	[ʒe]	제	T	t	[te]	떼
H	h	[aʃ]	아슈	U	u	[y]	유
I	i	[i]	이	V	v	[ve]	붸
J	j	[ʒi]	지	W	w	[dublə've]	두블붸
K	k	[ka]	까	X	x	[iks]	익쓰
L	l	[ɛl]	엘	Y	y	[i'grɛk]	이그렉그
M	m	[ɛm]	엠	Z	z	[zed]	제드

●불어에는 악센트가 없다. 단지 기분상 마지막 음을 살짝 드는 정도에 그친다. 언뜻 보면 애매모호한 발음처럼 보이지만 사실은 영어보다도 더 명확하고 뚜렷한 발음이라는 것을 기억해야 한다.

♧ 일본어의 글자와 발음

あ 아 ア	い 이 イ	う 우 ウ	え 에 エ	お 오 オ
か 가 カ	き 기 キ	く 구 ク	け 게 ケ	こ 고 コ
さ 사 サ	し 시 シ	す 수 ス	せ 세 セ	そ 소 ソ
た 다 タ	ち 찌 チ	つ 쓰 ツ	て 데 テ	と 도 ト
な 나 ナ	に 니 ニ	ぬ 누 ヌ	ね 네 ネ	の 노 ノ
は 하 ハ	ひ 히 ヒ	ふ 후 フ	へ 헤 ヘ	ほ 호 ホ
ま 마 マ	み 미 ミ	む 무 ム	め 메 メ	も 모 モ
や 야 ヤ	い 이 イ	ゆ 유 ユ	え 에 エ	よ 요 ヨ
ら 라 ラ	り 리 リ	る 루 ル	れ 레 レ	ろ 로 ロ
わ 와 ワ	ゐ 이 ヰ	う 우 ウ	ゑ 에 ヱ	を 오 ヲ
				ん 응 ン

●초보자도 쉽게 배울 수 있는

기초 5個國語會話

◇英語·獨語·佛語·日本語·中國語◇

編輯部 編

태을출판사

첫머리에

누구든지 잘할 수 있습니다

대부분의 사람들은 외국어에 대해 일종의 공포심마저 가지고 있습니다. 제아무리 노력해도 내 것으로 만들 수 없는 난공불락의 요새와도 같은 외국어, 요모조모로 제아무리 뜯어보아도 골칫덩어리인 외국어, 괜히 얄미워지기까지 하는 이 외국어를 어떻게 좀 해볼 방법은 없을까요?

물론 좋은 방법이 있습니다. 아주 멋진 방법이 있습니다. 이제 여러분은 외국어의 공포로부터 해방될 수가 있습니다. 여러분은 아주 멋지게 난공불락의 요새인 외국어를 정복하여 여러분 자신의 전유물로 만들 수가 있습니다.

과연 그 멋진 비결은 무엇일까요?

이 기막힌 비결을 공개하기 전에 먼저 여러분이 준비하여야 할 사항이 있습니다. 아주 간단한 것입니다. 아주 쉬운 것 세 가지입니다. 지금 바로 준비하시기 바랍니다.

첫째, '할 수 있다'는 신념을 가지십시오. 외국어는 쉽습니다.

둘째, 기초 문법을 철저히 이해하십시오. 외국어는 쉽습니다.

세째, 날마다 반복하십시오. 외국어는 쉽습니다.

이제 이상과 같은 준비가 다 갖추어 졌으면 곧장 이 책의 다음 페이지를 넘기십시오. 그리고 '제 1 장'을 세 번만 정독하십시오. 그런 다음에 '제 2 장'의 실제 회화편을 반복 연습하십시오.

이 책을 열심히 읽어 나가는 동안에 여러분은 이 책 속의 어딘가에 쓰여져 있는 '외국어를 아주 쉽게 정복하는 비결'을 발견할 수 있을 것입니다. 지금 당장 시작해 보십시오. 외국어는 참으로 쉽습니다.

앞으로 외국어는 꼭 필요합니다

급진적인 문명의 발달은 세계를 날로 좁아지게 하고 있읍니다. 예전에는 '외국인' 하면 아주 이색적인 인종으로만 바라보았읍니다. 그러나 오늘날에는 외국인도 '함께 걸어가는 지구촌(地球村)의 동반자'로 새롭게 인식되어 가고 있읍니다.

폐쇄적인 사회에는 결코 발전이 있을 수 없다는 것이 오늘날 모든 사람들의 지론입니다. 그래서 세계의 모든 나라들이 다투어 문호를 개방하고,

다른 나라의 정보를 입수하기 위해 치열한 경쟁을 벌입니다.

이제 우리도 세계의 무대로 힘차게 뻗어 나아가야 할 때가 온 것입니다. 다른 나라와 정보를 교환하고, 또한 경쟁에서 이기기 위해서는 무엇보다도 먼저 다른 나라의 언어에 익숙해야 합니다. 따라서 외국어에 능숙하지 못한 사람은 앞으로 크게 성공하기 힘들 것입니다. 자신의 성공을 위해서, 또한 국가와 민족의 앞날을 위해서 외국어는 꼭 배우지 않으면 안될 필요한 언어라고 할 수 있겠읍니다.

5개국어 정도는 알아야 합니다

지금까지는 영어만 잘하면 다른 외국어는 그다지 알아야 할 필요성을 느끼지 못했었읍니다. 그러나 국제정세의 변화와 다수 강대국의 영향력 행사의 변모로 국제공용어가 확대되어 가고 있읍니다.

이에 따라 앞으로는 영어 이외에도 독어, 불어, 일본어, 중국어 정도는 익혀 두어야만 합니다. 특히 우리나라는 '86아시안 게임'과 '88서울 올림픽' 개최로 말미암아 외국인과 접촉할 수 있는 기회를 많이 가질 수 있게 되었읍니다. 우리나라를 방문하는 외국인들에게 보다 좋은 인상을 심어 주기 위해서는 그 나라 사람들과 대화가 가능할 수 있는 몇 마디의 외국어 회화라도 알고 있어야 하겠읍니다.

이번에 폐사에서 '기초 5개국어 회화'책을 펴내게 된 이유는 바로 그런 뜻에서 입니다.

아무쪼록 이 책으로 말미암아 여러분의 회화 실력이 다소라도 향상될 수 있기를 바라마지 않으며, 아울러 외국어에 대한 공포증으로부터 해방될 수 있기를 기원합니다.

편 자 씀

차 례 *

●기초 프랑스어 문법

●기초 일본어 문법

●기초 중국어 문법

제2장/기초 5개국어 회화

제 1 장

5개국어 회화를 위한 기초 문법

●이 장에서는 영어 · 독어 · 불어 · 일어 · 중국어 등의 5 개국어 회화를 배우기 전에 필수적으로 알아 두어야 할 기초 문법을 다루었다. 초보자도 이해하기 쉽도록 내용을 체계적으로 간략하게 해설하였다. 실제로 회화를 익히기 전에 우선 기초 문법에 관한 공부를 철저히 해두는 것이 외국어 정복의 지름길이 될 것이다.

기초 영어 문법

1. 낱말과 글(Words and Sentences)

글자(文字;a, b, c, d, e……등) 그 자체에는 별 의미가 없지만, 이것이 몇 개 모이면 어떤 의미를 나타내게 된다. 이것을 낱말(單語;word)이라고 한다. I는 글자인 동시에 아울러 낱말도 될 수 있다. I는 알파벳의 9번째 글자이지만, '나(1인칭)'라는 낱말도 된다. 그러나 am이란 낱말과 boy란 낱말은 각각 a, m과 b, o, y란 글자가 합해져서 am과 boy란 낱말을 이룬다.

또, I am a school boy(아이 엠 어 스쿨보이)란 예문을 놓고 생각해 보자. 이 글(文章)에서는 I, am, a, schoolboy란 4개의 낱말이 합해져서 하나의 완전한 의미를 형성하고 있다. 글자로 구성된 낱말이 일정한 순서로 배열되어 하나의 글을 이루고 있는 것이다. 우리말로 옮기면 '나는 (한 사람의) 학생이다'란 완전한 뜻이 된다.

또 하나의 예를 들자면, Little birds sing merrily (리틀 버어즈 씽 메러리)란 글은 little, birds, sing, merrily 등의 단순한 낱말이 모여져서 일정한 순서로 배열되어 '작은 새들이 즐겁게 노래한다'라는 완전한 뜻을 나타내고 있다. 이 글에서 'little birds(리틀 버어즈;작은 새들)'와 같이 어떤 글의 사상적인 중심이 되는 주제(主題)를 주부(主部;subject)라고 하고, 'sing merrily(씽 메러리 : 즐겁게 노래한다)'와 같이 주부에 관하여 설명을 해주는 부분을 술부(述部;Predicate)라고 한다.

이와 같이 두 개 또는 두 개 이상의 낱말이 어떤 일정한 순서에 따라 배열되어져서 하나의 완전한 뜻을 나타내는 것을 '글(Sentence)'이라고 한다. 따라서 글에는 '주부+술부'의 관계가 성립됨을 알 수 있다.

2. 주부와 술부(Subject and Predicate)

우리가 사용하는 모든 글은 그 주제가 되는 부분인 주부(主部)와 그 주제에 대하여 설명을 해 주는 술부(述部)로 나누어져 있다. 우리 말의 구조를 보면 대강 '~은(는), ~이, ~가……이다(하다)'의 모양으로 되어 있다. 여기서 '~은(는), ~이, ~가'의 토가 붙는 부분까지가 주부이고, '~이다', ~'~하다'의 설명부분이 술부이다.

3. 팔품사(八品詞)

영어를 보다 쉽게 배우기 위해서는 우선 기초 문법에 능숙해야 한다. 영어의 경우, 낱말을 글 가운데에서의 뜻과 그 구실에 따라서 여덟 가지의 문법적인 용어로 나눌 수가 있다. 이것을 '팔품사(the Eight Parts of Speech)'라고 한다.

팔품사에 대해 간단히 설명하자면 다음과 같다.

① 명사(Noun)

유형(有形) 또는 무형(無形)의 사물의 이름을 나타내는 말이다.

명사에는 주로 물건의 이름, 사람의 이름, 장소의 이름, 물질의 이름, 집합체의 이름, 무형(無形)의 관

념에 붙인 이름들이 있다. 예를 들면,

Walls have ears.
(벽에도 귀가 있다.)
Seoul is the capital of Korea.
(서울은 한국의 수도이다.)
Knowledge is power.
(아는 것이 힘이다.)
My family is a large one.
(내 가족은 대가족이다.)
Blood is thicker than water.
(피는 물 보다도 진하다.)

이상과 같은 글에서 명사는 Walls, ears, Seoul, capital, Korea, Knowledge, power, family, Blood, water 등의 낱말이다.

② 대명사(Pronoun)

명사 대신에 쓰는 말을 대명사(代名詞)라고 한다. 예를 들면,

This ia a camera.
(이것은 카메라이다.)
It is a book.
(그것은 책이다.)
I am fond of him.
(나는 그를 좋아한다.)

등의 글에서 this, it, I, him 따위의 낱말이 대명사에 속한다. 사람이나 사물의 이름 대신에 쓰이는 말이 대명사라고 기억해 두면 좋을 것이다.

③ 동사(Verb)

사물의 동작이나 상태를 나타내는 말을 동사(動詞)

라고 한다.

The early bird catches the worm.
(일찍 일어나는 새가 벌레를 잡는다.)

You are as brave as a lion.
(당신은 사자처럼 용감하다.)

이상과 같은 예문에서 살펴 볼 때 윗 문장은 동작을 나타내고 있으며, 아래 문장은 상태를 나타내고 있다. 따라서 'catches(잡는다)'와 'are(～하다)'가 동사이다.

④ 형용사(Adjective)

명사와 대명사를 꾸며주는 말을 형용사(形容詞) 라고 한다.

There are many buses in Seoul.
(서울에는 버스가 많이 있다.)

You are very kind.
(당신은 매우 친절하다.)

이상의 예문에서 살펴보면, many는 명사인 bus(es)를 수식해 주고 있으며, kind는 주어 부분인 대명사 You를 수식해 주고 있다.

a(an), the 등의 낱말도 형용사의 일종이지만, 이를 특히 관사(Article)라고 일컫기도 한다.

⑤ 부사(Adverb)

동사나 형용사, 또는 다른 부사를 수식해주는 말을 부사(副詞)라고 한다.

He speaks English well.
(그는 영어를 잘 말한다.)

Your are a very kind boy.
(너는 퍽 친절한 소년이다.)

I speak English very well.
(나는 영어를 매우 잘 말한다.)

이상의 세 문장에서 살펴보면, 첫번째 문장에서는 well이라는 부사가 Speaks라는 동사를 수식해주고 있으며, 두번째 문장에서는 very라는 부사가 kind라는 형용사를 수식해주고 있다. 또한 세번째 문장에서는 very라는 부사가 well이라는 다른 부사를 수식해주고 있다.

⑥ 전치사(Preposition)

명사 혹은 대명사 앞에 놓여져서, 그 문장에서 명사 혹은 대명사가 다른 말과 어떤 관계를 가지고 있는지를 나타내주는 말을 전치사라고 한다.

We didn't go to school yesterday.
(우리들은 어제 학교에 가지 않았다.)

I get up at six every morning.
(나는 날마다 아침 여섯 시에 일어난다.)

이상의 예문에서 to는 go와 school과의 관계를 나타내주고 있으며, at는 get up과 six와의 관계를 뚜렷하게 해 주고 있다.

⑦ 접속사(Conjunction)

어떤 낱말과 낱말, 또는 구(句)와 구(句), 절(節)과 절(節)을 이어주는 역할을 하는데 쓰여지는 말이 바로 접속사이다.

He and I are brothers.
(그와 나는 형제이다.)

Is it on the table or under it?
(그것은 테이블 위에 있느냐, 또는 밑에 있느냐?)

I will go, if I have time.

(시간이 있으면, 나는 갈 것이다.)

위의 예문에서, and는 낱말인 He와 I를 접속해 주고 있으며, or는 구(句)인 on the table과 under it을 이어주고 있다. 또한 if는 절(節)인 I will go와 I have time을 이어주고 있다.

⑧ 감탄사(Interjection)

감탄사는 글자 그대로 슬픔과 놀람 등의 감정을 나타내는데 쓰이는 '탄성'의 말이다. 따라서 감탄사는 문장 가운데의 어떤 낱말과도 그다지 연관을 갖고 있지 않다. 다만 탄성을 표시함으로 인해서 뒤에 오는 문장을 조금 더 강력하게 해 주기도 한다.

Ah, we are very poor!

(아! 우리는 무척 가난하도다.)

Oh, how pleased I am to see you again!

(오! 나는 너를 또 만나니 기쁘구나.)

위의 예문에서 보는 바와 같이 Ah나 Oh와 같은 감탄사가 빠진다 해도 문장의 뜻은 변함이 없다.

4. 우리말과는 다른 영어의 어순(語順)

우리가 영어에 대해 어렵게 느껴지는 가장 큰 요인은 바로 어순(語順)의 차이 때문이다.

가령, '나는 날마다 학교에 간다'는 말을 영어로 나타내면 'I go to school every day.' 라고 해야 된다. 여기서 낱말 하나 하나를 세분해서 우리말로 순서를 가려보면 '나는, 간다, 학교에, 날마다'와 같이 된다. 만약 영어의 낱말을 우리말처럼 배열하면 어떻게 될까. 'I, every day, to school, go'처럼 엉터리 영어가 되고 만다

그러므로 영어를 쓰려면 먼저 일정한 순서에 따라 낱말을 배열해야 한다. 우리말과는 달리 영어에서는 주어와 동사가 가장 중요하다. 따라서 주어를 제일 먼저 쓰고, 그 다음에 동사를 쓴다. 말하자면, 주어와 동사만 있으면 일단 '말(言語)'은 성립하게 된다. 그러므로 영어는 가장 중요한 순서대로 낱말을 배열한다는 것을 기억해 두어야 할 것이다.

5. 영어의 문법은 과연 어려운 것인가?

우리는 영어를 배우면서, 항상 영문법(英文法)이 어렵다고 생각한다. 물론 쉽지만은 않은 학문임에 틀림없다.

그러나 한 가지 분명한 것은, '그 근본을 알면 한결 쉬워진다'는 점이다.

먼저 알파벳을 충분히 익히고, 그 다음에는 팔품사를 철저히 이해하고 아울러 글의 구성 요소를 세밀히 분석해서 공부해 나간다면 자기도 모르는 사이에 영어 실력이 부쩍 늘게 될 것이다.

기초 독일어 문법

1. 독일어에 대하여

독일 글자는 16세기 초에 생기었는데 현재는 거의 쓰이지 않고 유럽 여러 나라에 공통인 「로마字」를 사용하고 있으므로 여기에서는 「로마자」를 사용하여 발음을 설명하기로 한다.

① 3개의 변모음 글자

Ä ä 〔'ˀa:'ˀumlaut〕(아아 · 우믈라우트)
Ö ö 〔'ˀo:'ˀumlaut〕(오오 · 우믈라우트)
Ü ü 〔'ˀu:'ˀumlaut〕(우우 · 우믈라우트)

타이프라이터 등에서 이 글자가 없을 때 Ä, ä 대신으로는 Ae, ae로 치고 Ö, ö 대신에는 Oe, oe로 치고, Ü, ü 대신에는 Ue, ue로 치기로 되어 있다.

② 독일 글자의 독특한 합자 활자(合字活字)

독일 글자에는 두 개씩의 글자가 합쳐서 하나로 된 활자가 있다.

ch〔'tse:'ha:〕(체에 · 하아)
ch〔'tse:'ka:〕(체에 · 카아)
〔' ɛs'tsɛt〕(에스 · 체트) (s와 z와의 合字)
tz〔'te:'tsɛt〕(테어 · 체트)

※ 대문자로 시작하는 것은 명사다. 그 외에는 모두 소문자로 시작한다.

2. 독일어의 발음

□ 모음(母音)의 발음

① a e i o u의 발음

a〔a〕(아)　〔a:〕(아아)　o〔ɔ〕(오)　〔o:〕(오오)
e〔ɛ〕(에)　〔e:〕(에에)　u〔u〕(우)　〔u:〕(우우)
i〔i〕(이)　〔i:〕(이이)

모음에는 각각 길고 짧은 두 개의 발음이 있다. 긴 소리의 〔아아」「에에」「이이」「오오」「우우」는 우리말 발음과 같다. 짧은 소리의 「아」도 우리말의 「아」와 같다. 그런데 짧은 소리의 「에」「이」「오」「우」는 모두 긴 소리의 것 보다도 입을 더 넓게 벌리어 발음한다.

Fall〔fal〕 Mann〔man〕 Kraft〔kraft〕 Gas〔ga:s〕 Bar〔ba:r〕

※ ie도 〔이이」〔i:〕로 발음한다. 아주 가벼운 「이」다.

Brief〔bri:f〕 lieben〔ˈli:bən〕 Kiefer〔ˈki:fər〕

② ä, ö, ü, y의 발음

ä〔ɛ〕(에)　〔ɛ:〕(에에)
ö〔œ〕(외)　〔ϕ:〕(외외)
ü, y〔Y〕(위)　〔y:〕(위이)

Umlaut는 변모음(變母音)이란 뜻이다. 즉 입모양은 각각 a, o, u를 발음할 때와 같은 넓이를 가지고 내는 소리만 변한다.

ä〔ɛ〕…짧은 소리 a〔a〕의 입모양을 하고 〔아」가 아닌 「에」를 발음한다.

Ä〔ɛ:〕…긴 소리 a〔a:〕의 입모양을 하고 「아아」가 아닌 「에에」를 발음한다.

Ö〔œ〕…짧은 소리 o〔ɔ〕만큼, 즉 우리말의 「오」보다 입을 더 벌리고 「오」가 아닌 「외」를 발음한다.

ö〔ϕ:〕…긴 소리의 o〔o:〕, 즉 우리말의 「오오」와 같은 정도로 너무 넓지 않게 입을 벌리고 「오오」 대신 「에에」를 발음한다.

ü〔Y〕… 짧은 소리 u〔u〕의 입모양, 즉 우리말의 「우」보다 더 벌리고 입술을 동그랗게 하고 「우」가 아닌 「이」를 발음한다.

ü〔y:〕… 긴 소리 u〔u:〕, 즉 우리말의 「우우」와 같은 입모양을 하고 「우우」가 아닌 「이이」를 발음한다.

③ 복모음(複母音)의 발음

ei, ai } 〔aı〕(아이)　a〔au〕(아우)　eu, äu } 〔ɔy〕(오위)

Partei〔por'tai〕	neun〔nɔyn〕	Papagei〔papa'gai〕
Räuber〔rɔybər〕	Eis〔'ais〕	Käufer〔'kɔyfər〕
nein〔nain〕		

④ 후두폐쇄음(喉頭閉鎖音)〔ˀ〕에 대하여

Art〔ˀa:rt〕, Aal〔ˀa:l〕, Erde〔'ˀe:rde〕, Oft〔ˀɔft〕, ändern〔'ˀɛndərn〕 등 모음으로 시작하는 단어는 모두 그 음표문자의 모음앞에 〔ˀ〕한 기호가 붙어 있다. 이 기호는 「후두폐쇄음」을 나타낸다. 모음으로 시작하는 발음에는 모두 발음하기 전 「목」을 닫고 목구멍에서 일단 숨을 죽였다가, 갑자기 터트리는 숨과 함께 모음을 발음하므로, 모음 직전에 일종의 숨소리가 들린다. 이것이 후두폐쇄음이다.

□ 자음의 발음

① b, d, g의 발음

b는 우리말 「바」「비」「부」 등의 첫소리 「ㅂ」〔b〕이고, d는 우리말 「다」「데」「도」의 첫소리 「ㄷ」〔d〕이고, g는 우리말 「가」「게」「고」의 첫소리 「ㄱ」〔g〕이다. 단 g〔g〕는 콧소리를 섞지 않은 「ㄱ」이다. 즉 b, d, g는 「유성자음(有聲子音)이다. 그러나 b, d, g가 음절 끝에 있을 때, 또는 음절 끝 자음군(群)들 중에 있을 때엔 p, t, k와 같이 「무성자음(無聲子音)」으로 발음한다.

Dieb〔di:p〕 halb〔halp〕 Herbst〔hɛrpst〕

② ch〔x〕와 ch〔ç〕

ch〔x〕→Bach〔bax〕(바흐) Nacht〔naxt〕(나흐트)

ch〔ç〕→Chemie〔çe'mi:〕(혜미이)

Becher〔'bɛçər〕(베혀르)

※ -ig가 단어 끝 또는 자음 앞에 있으면 〔iç〕(이히)로 발음한다.

König〔'kφ:nıç〕(쾨외니히)

billig〔'bılıç〕(빌리히)

③ chs〔ks〕와 X〔ks〕

이것들은 둘다 무성 자음으로서 「크스」가 된다. 영어처럼 〔gz〕(그즈)란 유성자음으로 되는 법은 없다.

Ochs〔'ɔks〕(옥스) boxen〔'bɔksən〕(복선)

Achsel〔''aksəl〕(악설) Luxus〔luksus〕(룩수스)

Ochsen〔''ɔksən〕(옥선) Axt〔'akst〕(악스트)

④ j〔j〕의 발음

j는 우리말 글자 「ㅑ」「ㅕ」「ㅛ」의 첫 「ㅣ」 소리다.

Japaner〔ja'pa:nər〕(야파아너르)

Juli〔'ju:li:〕(유울리이)

⑤ Kn〔kn〕과 gn〔gn〕의 발음

Knie〔kni:〕(크니이) Magnet〔ma'gne:t〕(마그네에트)

Knabe〔'kna:bə〕(크나아버)
regnen〔're:gnən〕(레에그넌)
Knospe〔'knɔspə〕(크노스퍼)
Gnade〔'gna:də〕(그나아더)

⑥ n〔n〕과 ng〔ŋ〕과 nk〔ŋk〕의 발음

jung〔juŋ〕(융) trinken〔'triŋkən〕(트링컨)
Lunge〔luŋə〕(룽어) Onkel〔'ʔɔŋkəl〕(옹컬)
Hering〔'he:riŋ〕(헤에링) Denker〔'dɛŋkər〕(뎅커르)

⑦ f〔f〕와 v〔f〕－pf〔pf〕의 발음

Vater〔'fa:tər〕(파아터르) Nerv〔nɛrf〕(네르프)
Vogl〔'fo:gəl〕(포오걸) Larve〔'larfə〕(라르퍼)
Vers〔fɛrs〕(페르스) Motiv〔mo'ti:f〕(모티이프)

pf는 p와 f를 동시에 발음한다.

Kopf〔kɔpf〕(곱흐) Pfeil〔pfail〕(프파일)

⑧ v〔v〕(ㅂ), w〔v〕(ㅂ), qu〔kv〕(ㅋㅂ)의 발음

Klavier〔kla'vi:r〕(클라비이르)
November〔no'vɛmbər〕(노벰버르)
Winter〔'vintər〕(빈터르)
Löwe〔'lφ:və〕(뢰외버)
Quantität〔kvanti'tɛ:t〕(크반티테에트)
Quote〔'kvo:tə〕(크보오터)

⑨ s〔z, s〕와 ss〔s〕와 ß〔s〕의 발음

ss는 모음 사이에 끼어서 바로 앞모음이 짧은 소리일 때에만 쓴다. ß도 무성자음〔s〕(ㅆ)이지만, ss를 쓸 조건이 갖춰지지 않을 때에 ss 대신으로 쓰는 것이 ß다. 타이프라이터 등에서 ß란 글자가 없을 때에는 sz이 아니고 ss로 치기로 되어 있다.

Fassade〔fa'sa:də〕(파싸아더)
besser〔'bɛsər〕(벳써르)

Fluß〔'flus〕(플룻쓰)
Fuß〔fu:s〕(푸우쓰)
Muße〔'mu:sə〕(무우써)
⑩ sch〔ʃ〕, sp〔ʃp〕, st〔ʃt〕의 발음
Schnee〔ʃne:〕(쉬네에) Schwein〔ʃvain〕(쉬바인)
Mensch〔mɛnʃ〕(멘쉬) Schmied〔ʃmi:t〕(쉬미이트)
Schule〔'ʃu:lə〕(쉬우울러) schrie〔ʃri:〕(쉬리이)
Spanne〔'ʃpanə〕(쉬판너)
⑪ tsch〔tʃ〕(취)의 발음
Peitsche〔'paitʃə〕(파이춰)
Tscheche〔'tʃɛçə〕(췌혀)
⑫ z, tz, ts, ds는 모두 무성자음 〔ts〕(츠) (혹은 「쯔」로도 들림)
Arzenei〔ˀartsə'nai〕(아르처나이)
Netz(nɛts〕(넷츠)
Stets〔ʃte:ts〕(쉬테에츠)
hundsmüde〔'hunts'my:də〕(훈츠뮈위더)
⑬ 외래어의 tia, tie, tio, tiu는 「치아」, 「치에」, 「치오」, 「치우」로 발음한다. 「치」가 「찌」로 들리기도 한다.
Initiale〔ˀi·ni·tsi'a:lə〕(이니치아알러)
Patient〔pa·tsi'ɛ́nt〕(파치엔트)
Nation〔na·tsió:n〕(나치오온)

3. 동사의 규칙적인 현재 인칭 변화

부 정 형 lernen 「배우다」 'lɛrnən		
	s. (단 수)	pl. (복 수)
	나는 ich lerne	우리는 Wir lernen

제 1 인칭	배운다 〔ˀiç ˈlɛrnə〕 이히 레르너	배운다 〔viːr ˈlɛrnən〕 비이르 레르넌
(친한) 제 2 인칭	너는 du lernst 배운다 〔duː lɛrnst〕 두우 레른스트	너희들은 ihr lernt 배운다 〔ˀiːr ˈlɛrnt〕 이이르 레른트
제 3 인칭	그는 er 배운다 〔ˀɛr〕 에르 그여자는 sie 배운다 〔ziː〕 지이 } lernt 〔ɛrnt〕 레른트 그것은 es 배운다 〔ˀɛs〕 에스	그들은 Sie lernen 배운다 〔ziː ˈlɛrnən〕 지이 레르넌
(높인) 제 2 인칭	당신은 Sie lernen 배운다 〔ziː ˈlɛrnən〕 지이 레르넌	당신들은 Sie lernen 배운다 〔ziː ˈlɛrnən〕 지이 레르넌

이것은 가장 많이 보이는 규칙적인 어미이니, 똑똑히 외울 것. 위 표에서는 lernen을 예로 들었는데 lehren, Schreiben도 꼭 같은 어미로 된다. 또 ich lerne, du lernst의 lerne, lernst처럼 주어가 정해진 동사의 형을 「정형－定形」 또는 「정동사－定動詞」라고 한다. Wir lernen, Sie lernen, Sie lernen의 lernen은 우연히 부정형과 같으나 이것도 정형이다.

4. 명사의 성

독일어의 명사에는 모두 「성－性」이란 것이 있어서, 어떤 명사든지 남성명사나 여성명사나 중성명사나 어느 것에 속한다. Mann은 남성, Frau는 여성, kind는 중성이다. -e로 끝나는 명사는 여성이 많다.

die Sonne(태양)　　die Schule(학교)

-m로 끝나는 명사는 대개 남성이다.

der Turm(탑)　　der Baum(나무)

5. 관사와 명사의 격변화

	m.	f.	n.	pl.
一격	der (ein) —	die (eine) —	das (ein)	die—
二격	des (eines) - [e] s*	der (einer) —	des (eines) - [e] s*	der—
三격	dem (einem) - [e]*	der (einer) —	dem (einem) - [e]*	den-n**
四격	den (einen)	die (eine) —	das (ein) —	die—

m.은 남성, f.는 여성, n.는 중성, pl.은 복수의 약호(略號)이다.

주의…① -er, -el, -en으로 끝나는 남성, 중성명사는 二격에 -s만을 붙이고, 三격에 -e를 안붙인다. (윗표*)

② 복수명사의 三격에는 -n을 붙인다.**
(단, Eltern처럼 처음부터 -n으로 끝나는 것은 그대로)

die, der 등은 정관사이며 ein, eines 등은 부정관사로서 영어의 a, an이나 마찬가지이다.

一격	der Vater	아버지가
二격	des Vaters (X Vateres)	아버지의
三격	dem Vater (X Vatere)	아버지에
四격	den Vater	아버지를

주의…왜 X의 꼴을 안쓰는가 하면 예를 들면 Vateres [ˈfa:tərəs]라든가 Vatere[ˈfa:tərə]라고 하면, 악센트가 없는 약음(弱音)의 e[ə]를 포함하는 음절이 둘 계속되어 발음이 느려지기 때문이다.

6. 정관사류의 격변화

	m.	f.	n.	pl.
一격	dies / jen / jed } -er	dies / jen / jed } -e	dies / jen / jed } -es	dies / jen } -e

二격	dies jen jed } -es	dies jen jed } -er	dies jen jed } -es	dies jen } -e
三격	dies jen jed } -em	dies jen jed } -er	dies jen jed } -em	dies jen } -en
四격	dies jen jed } -en	dies jen jed } -e	dies jen jed } -es	dies jen } -e

dieser→영어의 this, jener→that, jeder→each, every. 따라서 jeder 복수서는 쓰이지 않으므로 윗표에도 복수의 난에는 빼었다.

〔例〕

〈m. 남성〉

dieser Mann 이 남자가　　dieses Mann 이 남자의
diesem Mann 이 남자에　　diesen Mann 이 남자를

〈f. 여성〉

jene Frau 저 여자가　　jener Frau 저 여자의
jener Frau 저 여자에　　jene Frau 저 여자를

〈n. 중성〉

jedes kind 각 아이가　　jedes kind 각 아이의
jedem kind 각 아이에　　jedes kind 각 아이를

〈pl. 복수〉

diese Eltern 이 부모가　　dieser Eltern이 부모의
diesen Eltern 이 부모에　　diese Eltern 이 부모를

7. 부정관사류의 격변화

〔부정관사류=① ein ② kein ③ 소유형용사〕			
m.	f.	n.	pl.
—— ·	—— e.	—— ·	—— e
—— es	—— er	—— es	—— er
—— em	—— er	—— em	—— en
—— en	—— e	—— ·	—— .e

※ ein은 복수에는 안 쓴다. unser와 euer는 그대로는 또 격어미를 가지지 않는다는 것을 주의하라.

〈m. 남성〉

unser·(euer·)	Lehrer	우리의 (너희의) 선생이
unseres(eueres)	Lehrers	우리의 (너희의) 선생의
unserem(euerem)	Lehrer	우리의 (너희의) 선생에
unseren(eueren)	Lehrer	우리의 (너희의) 선생을

〈f. 여성〉

unsere(euere)	Schule	우리의 (너희의) 학교가
unserer(euerer)	Schule	우리의 (너희의) 학교의
unserer(euerer)	Schule	우리의 (너희의) 학교에
unsere(euere)	Schule	우리의 (너희의) 학교를

〈n. 중성〉

unser·(euer·)	Haus	우리의 (너희의) 집이
unseres(eueres)	Hauses	우리의 (너희의) 집의
unserem(euerem)	Haus〔e〕	우리의 (너희의) 집에
unser·(euer·)	Haus	우리의 (너희의) 집을

〈pl. 복수〉

unsere(euere)	Eltern	우리의 (너희의) 부모가
unserer(euerer)	Eltern	우리의 (너희의) 부모의
unseren(eueren)	Eltern	우리의 (너희의) 부모에
unsere(euere)	Eltern	우리의 (너희의) 부모를

끝으로 독일어를 2,3년씩 해도 잘 안된다든가 번역은 그럭저럭 해도 말하기와 독작문은 안된다는 사람들의 가장 큰 이유가 되는 「형용사의 격변화」에 대해 표를 제시함과 아울러 예문을 들겠다.

8. 형용사의 강 변화

m.	f.	n.	pl.
guter Mann guten Mann(e)s gutem Mann(e) guten Mann	gute Frau guter Frau guter Frau gute Frau	gutes Kind guten Kind(e)s gutem Kind(e) gutes Kind	gute Leute guter Leute guten Leute gute Leute

이것이 형용사 앞에 정관사류도 없고 부정관사류도 없을 경우에 되는 형용사의 격변화다. 형용사의 어미가 다음에 오는 명사의 성과 격을 아주 분명하게 드러내므로 「강변화」라고 한다.

9. 형용사의 약 변화

m.	f.	n.	pl.
der gute— des guten-(e)s dem guten-(e) den guten—	die gute— der guten— der guten— die gute—	das gute— des guten-(e)s dem guten— das gute—	die guten— der guten— den guten-n die guten—

이것은 형용사 앞에 정관사가 붙은 때의 격 변화다(—는 명사를 나타냄). 형용사의 어미가 아주 간단하므로 「약변화」라고 한다. 그런데 이 약변화는 정관사가 붙은 형용사 뿐 아니라 「정관사류 다음에 있는 형용사」도 약변화를 한다.

정관사류에는 dieser 「이」
jener 「저」
jeder 「각각의」
aller 「모든」
mancher 「상당히 많은」
Solcher 「그런」
welcher 「어느편의」

등에 속해 있다.

10. 형용사의 혼합 변화

m.	f.	n.	pl.
ein guter—	eine gute—	ein gutes—	Keine guten
eines guten[e]s	einer guten—	eines guten[e]s	Keiner guten
einem guten[e]	einer guten—	einem guten[e]	Keinen gutenn
einen guten—	eine gute—	ein gutes—	Keine guten

부정관사 ein… 복수 명사에는 붙지 않으니까 윗표 중에서 복수명사에는 부정관사 kein을 붙였다. 「부정관사류(ein, kein 및 소유형용사) 다음에 오는 형용사」는 혼합변화를 한다.

그런데 부정관사류의 격 변화는 남성一격, 중성一격, 四격에 격어미가 없는 것이 정관사류와 다른 것이니 다음에 오는 형용사의 격변화도 이 세 곳(윗표·가 있는 자리)만이 약변화와 다르고 이 세 곳의 형용사는 강변화와 같은 격 어미로 된다. 그러니까 「혼합변화」라고 하는 것이다.

따라서 여성과 복수에 있어서의 형용사는 약변화도 혼합변화도 구별이 없다. 즉 여성과 복수는 형용사 앞에 정관사가 있건 부정관사가 있건 형용사는 약변화를 한다.

기초 프랑스어 문법

1. 발음에 대한 일반적인 주의 사항

외국어를 종이 위에서 배운다는 것은 어렵고 불합리하다. 물론 외국인의 발음을 직접 듣고 모방하는 것이 최선의 방법임은 말할 것도 없다. 그러나 그러기 위해서는 역시 기본적인 이론의 뒷받침이 확실히 필요하다.

불어를 배우려는 우리나라 사람들에게는 다소의 영어지식이 있다. 이 영어지식이 불어를 배움에 있어 대개는 쓸모있지만 발음에 관한 한 소용이 없다는 점을 기억해 두어야 한다.

그리고 불어에는 악센트가 없다. 단지 기분상 마지막 음을 살짝 드는 정도에 그친다. 또한 영어의 경우처럼 하나의 발음에서 다른 발음으로 변할 때 음이 부드럽게 미끄러져 가지 않는다. 즉 애매모호한 발음이 아니라 명확하고도 뚜렷한 발음임을 기억해야 한다. 이상의 기본적 상식을 가지고 임해야 하겠다.

2. 음표문자와 한글

프랑스어 알파벧도 영어와 같이 26문자로 성립되고 여기에 음부가 더해진 모음, 자음자가 있어 총 36문자 가량이다. 그런데 불어음은 최소 37개가 있다. 불어에는 불어 특유의 음표문자(표네틱사인)가 있어 특히 한글로 표현할 수가 없어 발음에 극히 유의해야 한다.

불어는 몇몇 예외를 제외하고는 대개의 경우 스펠링에 따라 발음하면 된다. 마지막 자음은 발음을 생략할 수도 있다.

(왼쪽으로부터 음표문자, 음표문자의 우리나라식 표기, 그 음표문자의 실례, 발음기호, 우리말 표기, 실제 그 발음이 나는 알파벧 등으로 나누었다.

:	(—)	장음을 표시		
a	(아)	patte, part〔pat, pa:r〕	(빠드, 빠알)	a.
a	(아)	pas, passe〔pa, pa:s〕	(빠, 빠아쓰)	a.
ã	(앙)	tant, tante〔tã, tã:t〕	(땅, 따앙뜨)	an. am. en. em
b	(ㅂ)	beau, robe〔bo, rob〕	(브, 러브)	b.
d	(ㄷ)	dame, fade〔dam, fad〕	(담, 파드)	d.
e	(에)	été, aimer〔ete ɛme〕	(에떼, 에메)	e. é.
ɛ	(에)	prés, pére〔prɛ, pɛ: r〕	(프레, 빼엘)	è. e.
ɛ̃	(엥)	pin, mince〔pɛ̃, pɛ̃: s〕	(뺑, 멩쓰)	ain. aim.
ə	(으)	le, je, menu〔lə, ʒə, məny〕	(르 즈 므니)	e.
f	(ㅍ)	fort, neuf〔fo:r, nœf〕	(포오르, 뇌프)	f.
g	(ㄱ)	gant, longue〔gâ, lɔ̃: g〕	(강, 렁그)	g.
h	(ㅎ)	aha〔a (h) a〕	(아 (하) 아)	h.
i	(이)	ici, vive〔isi. vi:v〕	(이씨, 뷔이브)	i.
j	(유)	hier, soleil〔jɛ: r. sɔlɛij〕	(이에르, 써레유)	h. eil.
k	(ㄲ)	car. roc〔har. rɔk〕	(까아르, 러끄)	c.
l	(ㄹ)	la. cale 〔la, kal〕	(라, 깔)	l.
m	(ㅁ)	mot, dame〔mo, dâm〕	(모. 담)	m.
n	(ㄴ)	ni, une 〔ni, yn〕	(니. 인)	n.
ɲ	(뉴)	agneau, digne〔aɲo, diɲ〕	(아뇨, 디뇨)	gn.
o	(오)	beau. notre〔bo, no: tr〕	(보, 노오뜨르)	eau. au.
ɔ	(어)	note. fort〔nɔt, fɔ: r〕	(너트, 퍼어트)	o.
ɔ̃	(옹)	bon, nocle〔bɔ̃, ɔ̃:kl〕	(봉, 옹끌)	on. om.
œ	(왜)	neuf, ncuve〔nœfn, œ:v〕	(뇌프, 뇌브)	ou.
œ̃	(왱)	un, humble〔œ̃, œ̃:bl〕	〔왱, 왱블)	um. un.
ϕ	(웨)	peu, creuse〔pϕ, krϕ:z〕	(뷔, 끄웨즈)	eu.
p	(ㅃ)	pas, attrape〔pã, atrap〕	(빠, 아뜨라쁘)	p.
r	(ㄹ)	drap, rare〔dra, ra: r〕	(드라, 라아르)	r.

s (ㅆ)	si, pense〔si, pɑ̃:s〕	(쓰, 빵스)	s. ss.
ʃ (슈)	chou, vache〔ʃu, vaʃ〕	〔슈, 봐슈〕	ch.
t (ㅌ)	ta, patte〔ta, pat〕	(따, 빠뜨)	t.
u (우)	tout, tour〔tu, tu:r〕	(뚜, 뚜우르)	ou.
y (이)	tu, mur〔ty, my:r〕	(띠, 미이르)	u.
ɥ (이)	huile, hûitre〔ɥil, ɥitr〕	(이일, 이뜨르)	ui.
v (브)	va, cave〔va, ka:v〕	(봐, 까아브)	v.
w (와)	oui, ouate〔wi, wat〕	(위, 와뜨)	ou.
z (ㅈ)	zone, rose〔zo:n, ro:z〕	(즈온, 로으즈)	z. s.
ʒ (즈)	je, rouge〔ʒə, ru:ʒ〕	(즈, 루우츠)	j. g.

1) E, e는 입의 긴장을 모두 풀고 가볍고 약하고 짧게 〔에〕를 발음한다.
2) Q, q는 〔ky〕로 표시된다. 입을 반 쯤 벌려서 〔우〕를 발음하는 형으로 〔이〕를 발음하면 된다.
3) W, w(두불붸)와 Y, y(이그렉끄)는 이중의 v와 그리샤어의 i의 의미다.

Aa Ee Ii Oo Uu Yy가 모음이다. 이중 Yy를 제외한 다섯에는 각각 음부(accent)에 붙는 경우가 있다. 이 음부는 꼭 써야하나 대문자에서는 생략해도 좋다.

´ (accent aigu) e만에 붙어 é가 된다.

` (accent grave) a, e, u에 붙어 à, è, ù가 된다.

^ (accent sir conflexe) 다섯 모음에 붙어 â, ê, î, ô, û가 된다.

음부가 붙고 붙지 않음에 따라 발음이 약간 틀려진다. 는 날카롭게, `는 둔하게, ^는 길게 변한다.

3. 단모음자의 발음

1) a(아)는 항상 a(아)다. á, à경우는 나중에 취급한다. accent tonique(역점)은 e로 끝나지 않은 말에

서는 최후 음절에 붙는다.

예) animal, ami
아니말 아미

어미가 e로 끝난 말의 역점은 e를 포함한 최후음절 바로 앞 음절에 붙는다.

예) grave, sabre
그라브 사브르

2) e(어)의 발음은 가장 어렵다.

예) menu, ceci
머뉴 스시

e(에)〔ɛ〕로 발음될 때도 있다.

예) leste, dresse
레스뜨아드레스

(어)와 (에)는 음절을 끊어보아 e가 음절의 최후에 올 경우에는 (어)로 발음된다. 또 하나는 모든 단어의 마지막에 오는 e는 무음이다. 단, Je, Le경우에는 〔ə〕다. 이상과 같은 e의 발음에 음부가 붙으면 또 달라진다. é는 날카롭고 명쾌한 〔e〕이고, ê è는 조금 애매한 〔ɛ〕다.

3) i(이)는 〔i〕다. 입술의 양단을 좌우로 충분히 끌고 명쾌히 발음할 필요가 있다. i가 다음 모음을 동반할 경우 반모음화 한다.

예) diamant("디아"가 아니라 "디야망"이 된다)
디야망

4) o(오)의 발음은 〔오〕이다. 입을 충분히 둥글게 내민 〔o〕와 그다지 아닌 〔ɔ〕의 두 가지가 있고 음부를 붙인 ô는 〔o〕를 조금 길게 발음한다.

5) u(이)는 〔y〕다. 불어 모음중 가장 발음이 어려운 것으로 입을 뾰족이 하고 우〔u〕의 입으로 이〔i〕를

발음할 때 〔y〕발음이 난다.

예) confus
꽁피

u는 i나 y와 동반하여 반모음화 〔ɥ〕한다.

예) huile puissant
윌 삐상

6) y(이그렉그)는 발음도 i와 같다. 다른 모음 수반으로 반모음화함도 같다.

4. 복합모음자의 발음

1) ai, ei는 다 〔에〕로 발음된다. 대개 〔ɛ〕이나 〔e〕일 때도 있다.

예) libraire anglaise
리브레르 앙글레즈

2) eu, œu는 〔œ〕 또는 〔ϕ〕로 발음된다. 〔o〕의 입으로 〔e〕를 발음하면 〔ϕ〕가 되고 〔ɔ〕의 입으로 〔ɛ〕를 발음하면 〔œ〕가 된다. 일반적으로 〔œ〕로 발음되지만 어미에 올 때나 다음에 〔z〕 〔ʒ〕를 수반할 때는 〔ϕ〕가 된다.

예) beurre, heureux, berceuse, cœur
배르 왜뢔 베르쐐즈 꽤르

3) ou는 입을 뾰족이 하고 하는 우〔u〕이다.

예) amour secours
아무르 스꾸루

4) eu, œu는 〔œ〕다.

예) preuve cœur
쁘르으브 끄오르

5) oi는 우아〔wa〕로 발음한다.

예) étoile　　oiseau
에뚜아르　　우아조

6) ay, ey, oy형이 있다. 이때 Y는 단순모음자 y〔i〕와 달리 〔ii〕이다. 따라서 ay는 〔aii〕, ey는 〔eii〕가 된다.

예) pays　　payable
빼이　　빼이아브르

7) oy도 〔oii〕가 된다.

예) royal　　voyageur
로아야르　　부아야줴르

8) uy도 〔uii〕가 된다.

예) tuy　　essuyage
띠이　　에씨야즈

9) 복합모음을 개개 모음의 발음으로 다시 환원시킬 때 트레마(tréma)를 쓴다.

예) naíf　　alcaloíde　　Noël
나이프　　알카로이드　　노엘

10) ë가 말의 끝에 왔을 때는 발음하지 않는다.

예) aiguë　　ciguë　　aigue　　cigue
에규　　씨규　　에끄　　씨끄

5. 비모음자의 발음

1) an, am은 〔ã〕으로 표시된다.
en, em도 〔ã〕으로 표시된다.

불어 비음에선 혀가 움직이면 안된다. an은 〔아〕라고 발음한 채로 그 음을 코로 뺀다. 입은 벌리고 혀를 고착시킨 채로 코로 공기를 통과시키며 낸다.

예) ditance　　Adam
디스땅쓰　　아당

2) in, im, yn, ym, ain, am, ein, elm은 〔ɛ̃〕이다.

예) timbire feimte

땡브르 프엥뜨

3) un, um은 〔œ̃〕이다. 〔오〕와 〔에〕의 중간음이 비음화한 것이다.

예) emprunt, défunt

앙쁘랭 데펑

4) on, om〔ɔ̃〕이다.

예) coton ombre

꼬똥 옹브르

5) ien은 〔jɑ̃〕이나 대개 〔jɛ̃〕로 발음한다.

예) mien rien

미엥 리엥

6) oin은 〔ɔɛ̃〕이고 어 (ɔ〕가 반모음화하여 〔wɛ̃〕 으로 발음된다.

예) soin point

수앵 쁘앵

6. 모음의 장단

1) 어미의 모음은 항상 짧다.

예) fini vie

피니 뷔

2) 〔v〕 〔z〕 〔ʒ〕 〔j〕 및 어미의 〔r〕 앞에 역점있는 모음이 되면 길게 읽는다.

예) cave amuse rouge

까－브 아미－즈 루－즈

3) 전항 이외의 발음하는 자음의 앞에 오는 역점있는 모음 중에서 비음과 〔o〕, 〔ϕ〕은 항상 길게, 〔a〕 도

거의 길게 발음된다.

예) France　　　prince
　　프랑－스　　프렝－스

7. 발음 요령

ai, ei } 에 〔e, ε〕	oi < 우아 / 우와 〔wa〕	en, em } 앙 〔ɑ̃〕
au, eau } 우 〔o, ɔ〕	i 이 〔i〕	in, im } 앵 〔ɛ̃〕
eu, œu } 우 〔œ, φ〕	o 오 〔ɔ. o〕	à, á, â } 아 〔a, a〕
ou 우 〔u〕	u 유 〔y〕	é, è, ê } 에 〔e, ε〕
	y 이 〔i〕	

8. 자음자의 발음

1) b는 〔b〕이나 c, s, t앞에 오면 〔p〕로 발음된다.

예) barbe　　abcés
　　바르브　　아쁘세

2) c는 〔k〕와 〔s〕가 있다. a, o, u로 자음자 앞에서는 〔k〕가 되고 e, i, y 앞에서는 〔s〕로 발음된다. 즉 ca, co, cu는 〔까」「꼬〕〔꾸〕 ce, ci, cy는 각각 〔스〕〔시〕〔시〕가 된다.

3) ç(세디유)는 C에 S를 붙인 자로, 세디유라 한다. ç는 a, o, u 앞에 와서 〔s〕로 발음되며 ça는 〔사〕, ço〔소〕, çu〔슈〕이다.

4) d(드)는 〔d〕밖에 없다.

5) f는 〔f〕발음 밖에 없다.

6) g(제)는 c와 같이 a, o, u 앞에서는 〔가〕 〔고〕

〔구〕이고 e, i, y 앞에서는 〔쥬〕〔지〕〔지〕다.

7) ga, go, gu의 g는 〔g〕이지만 만일 a, o, u는 그대로 두고 g를 〔ʒ〕로 하려면 gea, geo, geu로 철자를 만들어 〔ʒa〕〔ʒo〕〔ʒw〕가 된다.

8) h(아슈)는 (유성의 h) h aspiré와 〔무성의 h〕 h muet와 구별이 있으나 발음은 하지 않는다.

9) j(즈)은 〔ʒ〕발음이다.

10) k(까)는 (k)이나 외래어, 끄리샤계의 소수 말밖에 쓰여지지 않는다.

11) l(엘)은 혀의 끝은 윗니 뒤에 가볍게 대고 영어의 l보다 가벼운 〔l〕이다.

12) m〔엠〕은 〔m〕이다.

13) n〔엔〕은 〔n〕발음이다.

14) p〔빼〕는 〔p〕발음이다.

15) q(큐)는 어미에 올 때를 제외하고는 반드시 qu로 되어 모음과 결합한다. 이 경우 qu는 〔k〕로써 qua, qui, quu, que, quo는 〔까〕〔끼〕〔꾸〕〔께〕〔꼬〕가 된다. 오직 gua는 가끔 〔kwa〕로 읽는다.

16) r(에에르) 발음은 아주 곤란하다. 혀끝을 아랫니 뒤에 세게 밀어 댄 채 목구멍 속 쪽에서 〔r〕을 발음한다.

17) s(에스)는 〔스〕이나 모음에 잡혔을 때는 〔즈〕가 된다.

18) t(떼)는 〔뜨〕이나 ti 다음에 모음이 오면 〔si〕가 된다.

예) témoin, nation.

19) v(베)는 〔브〕이나 윗니로 아래 입술을 가볍게 누르고 내미는 발음이다.

20) w(떠블베)는 소수 외래어에만 쓰고 발음은 〔w〕

나 〔v〕이다.

wagon, tramway

봐공 트라뭬이

21) x(익스)는 〔ks〕이다. 다만 ex라는 철자 다음에 모음이 오면 흐려져서 〔gz〕로 되는 경우가 많다.

예) texte, exercie

텍스트 에그제르시스

22. z(제드)는 〔z〕발음 뿐이다.

9. il과 ill에 관해서

1) il은 단독일 때는 〔il〕로 발음된다. 그러나 il에 다른 모음이 앞에 오면 유〔j〕라고 발음된다.

예) travail , pareil

트라봐이유 빠레이유

2) ill은 일반적으로 유〔j〕이나 자음자 뒤에 올 때 〔il〕로 발음되는 경우가 있다.

예) million , villge

밀리옹 빌라쥬

10. 이중 자음자의 발음

1) mm, nn은 〔m〕 〔n〕으로 읽는다.

2) 위와 같은 것이 원칙이나 예외로 비음이 생기기도 한다.

예) ennoblir amnamite

앙노블리르 앙나미뜨

3) cc, gg는 c에는 〔k〕 〔s〕, g에는 〔g〕 〔ʒ〕로 각각 읽는 수가 있어서 경우에 따라 읽어야 한다.

4) 이외 중자음은 모두 하나로 읽는다.

〈복자음의 발음〉

1) ch는 〔ʃ〕이나 가끔 〔K〕로 발음될 때도 있다.

2) gn은 〔ɲ〕로 발음되며 이것은 불어 특유의 발음이다.

3) ph는 〔f〕로 발음한다.

4) rh, th는 모두 h를 발음 않으므로 〔r〕 〔t〕만 발음한다.

5) sc는 c에 〔s〕 〔k〕 두 음 앞이므로 c가 〔s〕면 〔s〕만 되고 c가 〔k〕면 〔sk〕로 된다.

11. 어미의 자음자와 연음

1) 어미의 자음은 거의 발음되지 않는다.

2) c, f, k, l, b, r이 어미에 올 경우 발음하는 편이 많다.

avec　　neuf

아베끄　뇌프

3) 어미 er는 보통 〔e〕로 읽히나 적은 음절에 한해 〔ɛ:r〕로 발음된다.

4) 불어에는 리에종〔liaison〕이라는 독특한 현상이 없다. 단어가 모여 어군을 형성하면 발음이 변한다. 즉, 앞에 있는 말의 어미의 자음과 뒤에 있는 말의 어두의 모음자가 결합되어 발음되는 것을 말한다.

연음의 경우 자음의 발음을 고쳐 읽는 일이 가끔 있다. 즉 d는 〔t〕로 g는 〔k〕로 r와 x는 〔z〕로 읽는다.

5) 비음이 있는 형용사가 여성형이 되면 비음을 읽는다.

예) bon　　bonne

봉　　본느

6) h aspiré는 연음되지 않고 h muet만 연음된다.

12. 명사와 관사

1) 명사는 보통명사, 고유명사로 분류되어 있다. 명사에는 보통 le, la, l′, un, une, des 등이 붙어 있는데 이것은 관사다.

예) la lune, l′homme le devoir, un arc-en-ciel.

2) 명사는 모두 남성이거나 여성이거나 둘 중의 하나다.

예) le père(아버지) le cheval(말)
르 빼르 르 슈발
la mère(어머니) la jument(암말)
라 메르 라 쥬망

3) 무생물의 성은 전통적 습관적으로 정해져 있는 것으로써 이론은 아니다.

예) le soleil(태양) la lune(달)
르 쏘레이유 라 린느

불어를 배움에 있어 성을 기억한다는 것은 매우 중요한 일이므로 잘 알아두어야 한다.

	수		
	남 성	여 성	복수(남여성 함께)
정 관 사	le(l′)	la(l′)	les
부정관사	un	une	des
부분관사	du(de l′)	de la(de l′)	des

13. 동 사

□ 동사의 법

동사의 법이란 동사가 동작이나 상태를 표현할 때의 「표현법」을 말한다.

a) 부정법(Mode infinitif) 현재, 과거

b) 분사법 (Mode participe) 현재, 과거
c) 명령법 (Mode impératif) 현재, 과거
d) 직설법 (Mode indicatif) 현재, 과거(5), 미래(2)
e) 조건법 (Mode conditionnel) 현재, 과거(2)
f) 접속법 (Mode subjoctif) 현재, 과거(3)

□ 직설법의 때

a) 현재 présent
b) 반과거 imparfait
c) 복합과거 passé composé
d) 단순과거 passé simple
e) 대과거 plus-que-parfait
f) 전과거 passé antérieur
g) 단순미래 futur simple
h) 전미래 futur antérieur

□ 직설법 현재의 변화

동사는 법과 때와 인칭과 수에 의해 변화한다.
기본형을 제시해 보면

donner

je donne	nous donnons
tu donnes	vous donnez
il donne	ils donnent

1군동사(어미가 er로 규칙적으로 끝난 동사) 외의 2군동사, 3군동사는 따로 특별히 변화한다.

etrë동사와 avoir동사는 특히 많이 쓰이므로 동사 변화에 대해서도 알아두어야 할 것이다.

기초 일본어 문법

1. カ　ナ(가나 : 假名)

영어글자 26자를 알파벳이라고 하듯이 일본(日本) 글자 50자를 가나(假名)라 부른다.

가나에는 다음 두가지가 있다.

① カタカナ(가다가나, 片假名)

해서체(楷書體)로써 똑똑히 쓴 글자인데 영자(英字)의 활자체(活字體)와 같은 것이다.

② ひらかな(히라가나, 平假名)

초서(草書)로 흘려 쓴 글자인데 영자의 필기체(筆記體) 글자와 같은 것이다.

③ カナ의 유래

カナ의 글자 모양은 대개 한자(漢字)를 모방하여 딴 것인데 예를 들면 아래와 같다.

ア는 「阿」의 阝 변(邊)을 딴 것이고
イ는 「伊」의 亻 변을 딴 것이고
ウ는 「宇」의 宀 변을 딴 것이고
カ는 「加」의 力 변을 딴 것이고
キ는 「畿」자의 가운데 몸체를 딴 것이고
ク는 「久」의 ク 변을 딴 것이다.

ひらかな는 이것들을 초서(草書)로 자획(字劃)을 약간 가감(加減)한 것이다.

④ カナ의 철자법

일본어 50자를 분해하여 보면 모음(母音) 5자와 자음(子音) 9자를 기초로 이루어졌다.

즉 アイウエオ는 영어의 aiueo, 한글의 ㅏㅣㅜㅔㅗ이고 カサタナハマラ는 영어의 Ka Sa Ta Na Ha Ma Ra, 한글의 ㄱㅅㄷㄴㅎㅁㄹ과 같은 것인데 ヤ와 ワ는 이중모음(二重母音)이므로 사실상 일본어의 자음은 7자라 할 것이다.

⑤ カ행의 발음

カ, キ, ク, ケ, コ가 글자 앞에 붙을 때는 가, 기, 구, 게, 고로 발음하고 글자 뒤에 있을때는 까, 끼, 꾸, 께, 꼬로 발음된다.

カオ〔가오〕(顔) 얼굴
キタ〔기다〕(北) 북
クモ〔구모〕(雲) 구름
ケサ〔게사〕(今朝) 오늘아침
コミ〔고미〕(芥) 쓰레기
ユカ〔유까〕(床) 마루
ユキ〔유끼〕(雪) 눈
キク〔기꾸〕(菊) 국화
イケ〔이께〕(池) 못
ネコ〔네꼬〕(猫) 고양이

⑥ 한자의 발음

일본말에는 한자(漢字) 하나하나에 이름이 있고 따로 한 자 한 자에 발음이 있다.

人	ヒト	ニン 또는 ジン
音	オト	オン 또는 イン
國	クニ	コク
한자	이름	발음

이것은 우리나라 천자문을 읽는 법과 비슷한다.
즉 "人"은 사람 인
"音"은 소리 음
"國"은 나라 국이라 하여 한자공부는 이와같이 하지만 문장을 읽을 때는 이름은 빼고 끝에 붙은 발음만을 부른다.

그러나 일본말에서 한자가 문장에 사용될 때의 읽는 법은 이름을 부를 때도 있고 한자의 발음만을 읽을 때도 있다.

전자를 가리켜 ゾクオン(俗音) ノトナエカタ(唱方)(조꾸온 노도나에까다)라 하고 후자를 カンジオン(漢字音) ノヨミカタ(讀方) (간지온 노요미까다)라 한다.

2. ヒオン(히온 鼻音) 콧소리(ン)

일본어 50음자의 끝의 자인 ン자는 콧소리(鼻音)로써 다른 글자 밑의 받침으로만 쓰여지며 한글의 「ㅇ」「ㄴ」「ㅁ」 등의 발음을 한다.

①「ㅇ」으로 발음하는 경우

「ン」자 밑에 アイウエオ, カキクケコ, ヤエヨ, ワヲ 들의 글자가 붙을 때

ホンヤ〔홍야〕(本屋) 책방
デンワ〔뎅와〕(電話) 전화
ケンカ〔겡까〕(喧嘩) 싸움

②「ㄴ」으로 발음하는 경우

「ン」자 밑에 サシスセソ, タチツテト, ナニヌネノ, ラリルレロ 들의 글자가 붙을 때

ケンサ〔겐사〕(檢査) 검사
センタク〔센다꾸〕(洗濯) 빨래

デンチ〔덴찌〕(電池) 전지
ニンニク〔닌니꾸〕 마늘
ケンリ〔겐리〕(權利) 권리

③「ㅁ」으로 발음하는 경우
「ン」자 밑에 マミムメモ 등의 글자가 붙을 때
ケンマイ〔겜마이〕(玄米) 현미
ホンモノ〔홈모노〕(本物) 진짜

3. ソクオン(소꾸온 促音) 촉음(シ)

일본말에는「ン」자 외에「ツ」자는 다른 글자 밑에 있어 받침 구실을 많이 한다. 이것을 촉음이라 하며 적은자(小文字)로 표한다.

「ツ」가 다른 글자 밑에 있어 받침 구실을 할 때에는「ㅅ」 또는「ㄱ」「ㅂ」의 발음을 한다.

①「ㅅ」발음을 하는 경우
サツソク〔삿소꾸〕(早速) 얼른
ケツセキ〔겟세끼〕(缺席) 결석
マツタク〔맏다꾸〕(全ク) 전혀
イツテキ〔읻데끼〕(一滴) 한방울
マツチ〔맛지〕(洋灰) 성냥

②「ㄱ」발음을 하는 경우
セツク〔섹구〕(節句) 명일
ケツカク〔겟가꾸〕(結核) 결핵
セツカク〔섹가꾸〕(折角) 모처럼

③「ㅂ」발음을 하는 경우
ケツパク〔겝바꾸〕(潔白) 결백

クップク〔굽부꾸〕(屈伏) 굴복

위의 예를 우리 한글 발음으로 표시하여 본 결과 「ッ」의 발음은 밑에 오는 글자의 자음 발음을 하게 됨을 알 수 있다.

즉 「ッ」 다음의 글자가 「サ」행의 글자일 경우는 「ッ」의 발음은 「ㅅ」 발음을 하게 되고 「ッ」 다음의 글자가 「タ」행일 때의 「ッ」의 발음은 「ㄷ」발음을 하게 되며 「ッ」 다음의 글자가 「サ」행일 때에는 「ㅈ」발음을 하며 「ッ」 다음의 글자가 「カ」행일 때의 발음은 「ㄱ」이 된다. 이와 같이 우리 한글 발음으로 표시하여 보면 ㅅ, ㄷ, ㅈ, ㄱ 등의 발음을 하게 되나 일본 글로서는 모두 「ッ」 한자로 쓰이고 만다.

4. ダクオン(다꾸온 濁音)

ダクオン은 カサタハ 4행의 글자 도합 20자가 있으니 글자의 오른쪽 어깨에 두점(")을 찍어 ダクオン임을 표시한다.

ダクオン은 한글로만 표시하기에는 매우 곤란하며 만국발음 부호로써 표하여 보면 다음과 같다.

ガga가	ギgi기	グgu구	ゲge게	ゴgo고
ザza자	ジzi지	ズzu즈	ゼze제	ゾzo조
ダda다	ヂdzi지	ヅdz즈	デde데	ドdo도
バba바	ビbi비	ブbu부	ベbe베	ボbo보

5. ハンダクオン(한다꾸온: 半濁音)

ハンダクオン은 ハ행에만 있으며 글자의 오른편 어깨에 적은 동그라미를 붙여 표시한다.

パpa빠	ピpi삐	プpu뿌	ペpe빼	ポpo뽀

タンポポ〔담뽀뽀〕(민들레)
リッパナ〔립빠나〕立派～(훌륭한)

6. ニジユウボオン(니쥬우보온 二重母音)「ヤ, ヨ, ユ」

일본어의 アイウエオ는 50음자 첫째 줄이며 기본모음인데 "ヤイユエヨ에서 イ와 エ는 50음자에서 이중으로 나와 결국 아무런 의미도 나타내지 못하고 있다.그러나 ヤ, ユ, ヨ 석자는 매우 긴요한 역할을 하니 한글의 ㅑ(ヤ), ㅠ(ユ), ㅛ(ヨ)와 같이 발음하며 자음밑에 붙어 두자가 어울려 한소리를 나타내게 된다. 이것을 이중모음 또는 요음(拗音)이라고 하며 촉음과 같이 적은 자(小文字)로 표한다.

①「ヤ」의 발음

キャク〔갸꾸〕(客) 손님　バシャ〔바샤〕(馬車) 마차
イシャ〔이샤〕(醫者) 의사
キシャ〔기샤〕(汽車) 기차

②「ヨ」의 발음

リョカン〔료깡〕(旅館) 여관
ヤッキョク〔약교꾸〕(藥局) 약방
ギョライ〔교라이〕(漁雷) 어뢰
ジョシ〔죠시〕(女女) 여자

③「ユ」의 발음

ジュンサ〔쥰사〕(巡査) 순경
キジュツ〔기쥬쯔〕(技術) 기술
シュケン〔슈겡〕(主權) 주권
ミンシュ〔민슈〕(民主) 민주

7. チヨウオン(죠오온 長音) 긴소리

두자 또는 석자의 글자를 이어 한소리 같이 길게 발음하는 것을 긴소리라 한다.

① 두자긴소리(二字長音)

オオ(오오) ユウ(유우)
コウ(고오)
ソウ(소오)
トウ(도오)
ホウ(호오)
ロウ(로오)

① 두자긴소리

ウウ(우우) ヨウ(요우)
クウ(구우)
スウ(스우)
ツウ(쯔우)
フウ(후우)
ルウ(루우)

② 석자긴소리(三字長音)

キョウ(교오) キュウ(규우)
ショウ(쇼오) シュウ(슈우)
ジョウ(죠오) ジュウ(쥬우)
ニョウ(뇨오) ニュウ(뉴우)
ヒョウ(효오) ヒュウ(휴우)
ミョウ(묘오) ミュウ(뮤우)
リョウ(료오) リュウ(류우)

ビョウキ〔뵤오끼〕(病氣) 병
リュウコウ〔류우꼬오〕(流行) 유행
リョウシン〔료오싱〕(兩親) 양친
ショウダク〔쇼오다꾸〕(承諾) 승락

기초 중국어 문법

1. 발음요령(發音要領)

중국어의 발음은 영어나 독어, 불어 등과는 약간 차이가 있다. 발음 부호를 우리 한글로 표기하기에는 꽤 어려운 점이 많다. 가령, 〔ㄌ〕의 경우 영어의 〔l〕과 비슷하지만 그렇다고 우리말의 〔ㄹ〕과는 또 다르다. 굳이 우리말로 표기하자면 〔ㄹㄹ〕로 나타내야 할 것이다. 〔ㄩ〕의 경우도 우리말로 표시하면 〔위〕로 나타내야 하는데, 사실상 현재 우리말의 통용범위에는 해당되지 않고 있는 문자이다.

따라서 보다 정확한 중국어의 발음을 위해서는 음성 매체(라디오 방송이나 카세트)를 통해서 연습하는 길 밖에는 없다. 이 책에서는 인쇄 매체를 통해서 전달이 가능한 범위까지 최선을 다해 발음을 표기하였다.

① f (ㄈ)

우리말로는 〔ㅍ〕으로 나타낼 수밖에 없지만, 다음과 같은 점에서 〔ㅍ〕과는 다르게 구별되는 음이다.

〔ㅍ〕=〔P〕

위 아래 두 입술이 닿았다가 떨어지면서 나는 소리이다(兩唇音).

허파로부터 나온 숨이 한번 막혔다가 터져나오면서 나는 소리이다(破裂音).

〔f〕

웃이빨과 아랫입술이 닿았다가 떨어지면서 나는 소

리이다.

허파로부터 나온 숨이 웃이빨과 아랫입술 사이로 새어나오는 소리이다(磨擦音).

이 음은 결국 알파벳의 〔f〕와 같은 소리라고 할 수 있다.

yí(一) fèn(份) – 한 장(一部)
dí(地) fang(方) – 지방
fù(父) qin(親) – 아버지, 부친

② l(ㄌ)

꼭 우리말로 나타낸다면 〔ㄹㄹ〕로 표기하는 수 밖에 없는 음이다. 예를 들면 '얼른'에서 '어'와 '은'을 뺀 발음이라고 할 수 있다. 영어 알파벳의 〔l〕과 같은 음으로 볼 수 있다.

yì(易) lǎo(老)〔일라오〕– 늙기는 쉽다.
bǎo(飽) le(了)〔빠올러〕– 배불리 먹었다.
Tā(他) lái(來) le(了)〔탈라일러〕– 그가 왔다.

③ zh(ㄓ)

우리말의 〔ㅈ〕과 비슷한 음이지만, 발음할 때 혀의 모양이 다르다. 예를 들면 〔ㅈ〕은 혓바닥이 입천장에 닿아서 소리가 나는데 비하여(口蓋音), 〔zh〕는 혀 끝이 입천장에 닿아서 소리가 난다. 혀 끝을 말아서 소리를 내기 때문에 권설음(捲舌音)이라고 한다.

Zhōng(中) guó(國) – 중국
yì(一) zhāng(張) – 한 장
jǐn(緊) zhāng(張) – 긴장
zhī(知) shi(識) – 지식

④ ch(ㄔ)

이 음은 혀의 위치를 위의 〔zh〕와 같게 하면서 〔ㅊ〕

을 발음하면 된다. 이 음은 〔zh〕의 유기음(有氣音)이라고 한다.

chàng(唱) gē(歌) – 노래

tí(提) chū(出) – 제출

chū(出) qu(去) – 밖으로 나가다

chūn(春) tian(天) – 봄

⑤ **sh(ㄕ)**

이 음은 혀의 위치를 〔zh〕와 같게 하면서 〔ㅅ〕을 발음하면 비슷한 음이 된다. 이를 거듭 설명하자면, 〔zh〕는 파열음이며 〔sh〕는 마찰음이다.

혀의 끝을 입천장에 가뜩 대지 말고 혀끝부분과 입천장 사이를 통해 바람을 내어보내는 소리를 내면 된다. 바람을 밖으로 내어보내는 방법은 영어발음의〔ʃ〕와 같다고 할 수 있으나, 혀끝을 말아올린다는 점이 다르다.

shén(什) me(麼) – 무엇이냐

Yīng(英) wén(文) shū(書) – 영어 책

jiē(街) shang(上) – 길거리, 시내

wǎn(晚) shang(上) – 저녁때

shí(時) hour(候) – 계절

⑥ **r (ㄖ)**

혀의 모양은 〔sh〕를 발음할 때와 같이 하면서 혀 끝을 말아 입천장 쪽으로 대면서 목청을 울리도록 한다. 이 음은 유성음이다.

rén(人) shēng(生) – 인생

rè(熱) xīn(心) – 열심

⑦ **z (ㄗ)**

우리말로는 〔ㅈ〕 또는 〔ㅉ〕으로 나타낼 수 있다. 웃이빨에 혀가 닿도록 내밀었다가 떼면서 소리를 내면 된다.

zài(再) jiàn(見)－또 만납시다
zhú(竹) zi(子)－대나무
zú(足) qiú(球)－축구
zá(雜) zhì(誌)－잡지

⑧ c (ち)

이 음은 〔z〕와 같은 방법으로 〔ㅈ〕을 소리내면 된다. 〔z〕의 유기음이라고 할 수 있다.

cǎo(草) màor(帽)－밀짚모자
cái(裁) pàn(判)－재판
bō(菠) caì(菜)－시금치
cān(參) guān(觀)－참관

⑨ s (ム)

이 음은 혀의 위치는 〔z〕와 같게 하면 되지만, 혀끝과 웃이빨 사이를 좁혀서 그 사이로 바람을 내는 소리이다. 따라서 이 음은 마찰음이다.

sào(掃) zhou(帚)－빗자루
sōng(松) shù(樹)－소나무
gōng(公) sī(司)－회사
sān(三) yué(月)－삼월

⑩ ü (ㄩ)

이 음을 꼭 우리말로 나타낸다면 〔위〕로 표기할 수 있겠다. 하지만 〔유〕와 〔이〕의 복모음은 아니다. 입모양은 〔유〕를 소리낼 때처럼 하되 〔이〕를 소리내면 되는 단모음이다. 독일어의 〔ü〕와 비슷하다고 하겠다. 또한, 〔j〕·〔q〕·〔x〕 다음에서는 〔u〕로 나타낸다.

lǚ(旅) xíng(行) – 여행
fù(婦) nǚ(女) – 부녀자
lǜ(律) shī(師) – 변호사
yùn(運) dòng(動) yuán(員) – 운동선수

⑪ **er(儿)**

우리말로는 〔얼〕이라고 나타내지만, 〔ㄹ〕 발음이 매우 약한 〔얼〕이다. 이 음은 한 마디로 미국식 영어발음의 〔ər〕과 유사하다. 혀를 말아 올리는 모음이라 해서 권설모음(捲舌母音)이라고 한다.

2. 중국어의 성조(聲調)

다른 나라 말과는 달리 중국어에는 음절(音節) 마다 나름대로의 독특한 성조(聲調)가 있다. 가령 같은 〔a〕(아)음이라 하더라도 옆의 그림에서 보는 바와 같이 끝을 높이느냐 내리느냐, 처음부터 끝까지 고르게 높이느냐 내렸다가 높이느냐에 따라 그 뜻이 달라지게 된다.

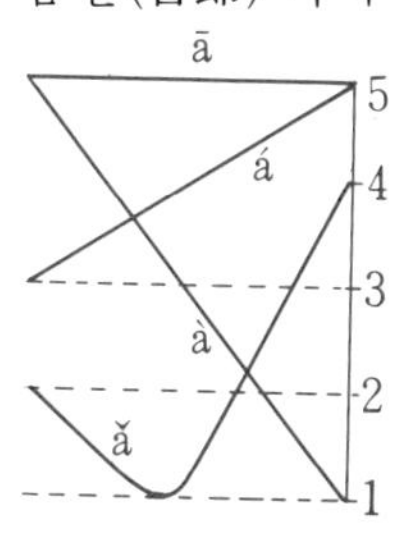

이처럼 독특한 성조는 중국어를 비롯한 한어족(漢語族)에 속하는 언어에는 대부분 다 있다. 하지만 성조의 가짓수는 언어와 지방에 따라서 여러 가지가 있다. 중국어의 성조는 표준말인 북경어가 네 가지(4성)이다.

제 1 성(¯)……높고 평평하다.
제 2 성(/)……중간음에서부터 최고로 높여서 낸다.
제 3 성(∨)……약간 높은 음에서부터 최저로 내렸다가 다시 높이 올린다.

제 4 성(＼)……최고음으로부터 다시 최저음으로 떨어뜨린다.

이러한 상태를 오선지에 옮긴다면, 대체로 다음과 같은 모양이 된다.

〔4 성 연습〕

nī	ní	nǐ	nì
妮	泥	你	逆
mā	má	mǎ	mà
媽	麻	馬	罵
hāo	háo	hǎo	hào
蒿	豪	好	號

제 2 장

영어 · 독어 · 불어 · 일본어 · 중국어

기초 5개국어 회화

● 이 장에서는 일상 생활에서 가장 많이 쓰이는 실용 회화 180편을 엄선하여 다루었다. 매 편마다 영어 · 독어 · 불어 · 일어 · 중국어 순으로 5 개국어 회화를 빠짐없이 실었고, 초보자도 쉽게 익혀 활용할 수 있도록 표준 발음을 우리말로 표시하였다. 또한 5 개국어 회화에 필요한 중요 단어와 발음을 실어 회화 생활에 도움이 되도록 하였다.

1. 안녕하십니까? (아침인사)

굿　　　모닝
영 : Good morning.

구텐　　　모르겐
독 : Guten Morgen.

봉주르
불 : Bonjour.

오 하 요 오 고 자 이 마 스
일 : お早ようございます.

니자오와〔=자오안〕
중 : 你好哇! (=早安!)

◇회화를 위한 기본 단어

- 오전⇨〔영〕morning(모닝).〔독〕der Morgen(데어 모르겐).〔불〕le matin(르 마뗑).〔일〕午前(고젱).〔중〕上午(샹우)
- 오후⇨〔영〕afternoon(에프터 눈).〔독〕der Nachmittag(데어 나하미타크).〔불〕l' apres-midi(라쁘레 미디).〔일〕午後(고고).〔중〕下午(샤우)

2. 안녕하십니까? (낮인사)

굿 에프터눈
영 : Good afternoon.

구텐 타크
독 : Guten Tag.

봉주르
불 : Bonjour.

곤 니찌 와 (고고)
일 : 今日は(午後).

니하오아
중 : 你好哇!

◇회화를 위한 기본 단어

- 밤⇨〔영〕evening(이브닝). 〔독〕der Abend(데어 아벤트). 〔불〕le soir(르 소와르). 〔일〕晩(방). 〔중〕晩上(완샹)
- 오늘밤⇨〔영〕this evening(디스 이브닝). 〔독〕heute Abend(호이테 아벤트). 〔불〕ce soir(스 소와르). 〔일〕今晩(곤방). 〔중〕今天晩上(찐텐완샹)

3. 안녕하십니까? (저녁 때의 인사)

굿 이브닝
영 : Good evening.

구텐 아벤트
독 : Guten Abend.

봉 스와르
불 : Bonsoir.

곤 방 와
일 : 今晩は.

니하오아〔=완안〕
중 : 你好哇! (=晚安!)

◇회화를 위한 기본 단어

- 오늘⇨〔영〕today(투데이). 〔독〕heute(호이테). 〔불〕aujourd'hui(오주르드위). 〔일〕今日(교오). 〔중〕今天(찐톈)
- 어제⇨〔영〕yesterday(예스터데이). 〔독〕gestern(게스테른). 〔불〕hier(이에르). 〔일〕昨日(기노오). 〔중〕昨天(쭤톈)

4. 안녕히 주무세요. (밤인사)

굿 나이트
영 : Good night.

구테 나하트
독 : Gute Nacht.

본 뉘이
불 : Bonne nuit.

오 야 스 미 나 사 이
일 : おやすみなさい.

칭슈시빠〔=안쉬빠〕
중 : 請休息吧.

◇회화를 위한 기본 단어

● 내일⇨〔영〕tomorrow(투모로우). 〔독〕morgen(모르겐). 〔불〕demain(드멩). 〔일〕明日(아수). 〔중〕明天(밍텐)

5. 어떻게 지내십니까?(안부 인사)

하우 아 유
영 : How are you?

비 게트 에스 이넨
독 : Wie gent es Ihnen?

꼬망 딸레 부
불 : Comment allez-vous?

고 끼 겡 와 이 까 가 데 스 까
일 : ごきげんはいかがですか.

닌하오아
중 : 您好哇.

◇회화를 위한 기본 단어

- 아버지⇨〔영〕father(파더). 〔독〕der Vater(데어 파더). 〔불〕le père(르 빼르) 〔일〕父(찌찌). 〔중〕父亲(푸친)
- 어머니⇨〔영〕mother(마더). 〔독〕die Mutter(디 무터). 〔불〕la mere(라메르) 〔일〕母(하하). 〔중〕母親(무친)

6. 처음 뵙겠습니다. (초면일 때)

하우 두 유 두
영 : How do you do?

에스 프로이트 미히 이레 베칸트
독 : Es freut mich, Ihre Bekannt-

샤프트 쭈 마헨
schaft zu machen.

앙샹떼 드 페르 보뜨르
불 : Enchante de faire votre

꼬네상스
connaissance.

하 지 메 마 시 데
일 : はじめまして.

추휘 추휘 〔쭈양 쭈양〕
중 : 初会, 初会! (=久仰, 久仰!)

◇회화를 위한 기본 단어

- 책⇨〔영〕book(북). 〔독〕das Buch (다스 부흐). 〔불〕le livre(르 리브르). 〔일〕本(홍). 〔중〕書(슈)

7. 안녕히 (헤어질 때)

굿 러크
영 : Good luck !

알레스 구테
독 : Alles Gute !

본 샹스
불 : Bonne chance !

고 끼 겐 요 오! (오 겡 끼 데!)
일 : ごきげんよう！(お元気で！)

쭈니젠캉
중 : 祝你健康！

8. 그럼 또 다음에 (헤어질 때)

시 유 어게인
영: See you again !

아우프 비더제엔
독: Auf Wiedersehen !

오 쁠레지르 드 부 르보와르
불: Au plaisir de vous revoir.

데 와 마 다 (아 이 마 쇼 오)
일: ではまた(会いましょう).

나머, 가이텐짜이젠빠
중: 那么, 改天再見吧!

◇회화를 위한 기본 단어

- 형제⇨〔영〕brother(브라더). 〔독〕der Bruder(데어 브루더). 〔불〕le frère(르 프레르). 〔일〕兄弟(교오다이). 〔중〕弟兄(띠슝)
- 자매⇨〔영〕sister(시스터). 〔독〕die Schwester(디 쉬베스터). 〔불〕la soeur(라 쇠르). 〔일〕姉妹(시마이). 〔중〕姐妹(제메이)

9. 안녕히 가세요. (헤어질 때)

굿바이
영 : Good-bye.

아우프 비더제엔
독 : Auf Wiedersehen!

오 르보와르
불 : Au revoir.

사 요 오나 라
일 : さようなら.

짜이젠
중 : 再見!

◇회화를 위한 기본 단어

- 남편⇨〔영〕husband(허즈번드). 〔독〕der Gemahl(데어 게말). 〔불〕le mari(르 마리). 〔일〕夫(웃도). 〔중〕丈夫(짱푸)
- 아내⇨〔영〕wife(와이프). 〔독〕die Gemahlin(디 게말린). 〔불〕la femme(라 팜) 〔일〕妻(쯔마). 〔중〕妻子(치즈)

10. 좋은 날씨네요.

나이스 데이 이 즌트 이트
영 : Nice day, isn't it?

아인 쇠 너 타크 니히트 바르
독 : Ein schöner Tag, nicht wahr?

일 페 보 네스 빠
불 : Il fait beau, n'est-cepas?

이 이 오 뎅 끼 데 스 네
일 : いいお天気ですね.

하오텐치아
중 : 好天氣啊!

◇회화를 위한 기본 단어

- 친구(벗)⇨〔영〕friend(프렌드). 〔독〕der Freund(데어 프로인트). 〔불〕un ami(왕나미). 〔일〕友人(유우진). 〔중〕朋友(펑유)
- 학생⇨〔영〕student(스튜던트). 〔독〕der Student(데어 쉬투덴트). 〔불〕l'étudiant(레뛰디앙). 〔일〕學生(가꾸세이). 〔중〕学生(쉐 셩)

11. 덥〔춥〕군요.

이츠 하트 〔코올드〕, 이즌트 이트
영 : It's hot 〔cold〕, isn't it?

에스 이스트 하이스〔칼트〕 니히트 바르
독 : Es ist heiß 〔kalt〕, nicht wahr?

일 페 쇼 〔프로와〕 네 스 빠
불 : Il fait chaud 〔froid〕, n'est-ce pas?

아쯔이 〔사무이〕 데 스 네
일 : 暑い〔寒い〕ですね.

헌뤄〔렁〕아
중 : 很熱〔冷〕 啊!

◇회화를 위한 기본 단어

● 입⇨〔영〕mouth(마우스), 〔독〕der Mund (데어 문트). 〔불〕la bouche(라 부시) 〔일〕口(구지). 〔중〕口(코우)

12. 실례합니다. 여보세요.

익스큐우즈 미
영 : Excuse me !

엔트슐디겐 지
독 : Entschuldigen Sie !

엑스뀌제 모와
불 : Excusez-moi.

시쯔레이시 마 스, 모 시 모 시
일 : 失礼します, もしもし.

제꽝제꽝
중 : 借光, 借光.

◇회화를 위한 기본 단어

- 남자⇨〔영〕man(맨). 〔독〕der Mann (데어 만). 〔불〕l'homme(롬). 〔일〕男(오도꼬). 〔중〕男人(난런)
- 여자⇨〔영〕Woman(우먼). 〔독〕die Frau(디프라우). 〔불〕la femme(라팜). 〔일〕女(온나). 〔중〕女人(뉘런)

13. 지금 몇 시입니까?

　　홧　　타임　이즈 이트 나우
영 : What time is it now?

　　비필　　　우르　이스트 에스　예츠트
독 : Wieviel Uhr ist es jetzt?

　　껠　　　뢰르　　에띨　　멩뜨
불 : Quelle heure est-il mainte.

　　이마 난 지 데 스 까
일 : 今何時ですか.

　　센자이찌뗀쭝
중 : 現在几点鉀?

14. 다시 한 번 말씀해 주세요.

아이 베그 유어 파든
영 : I beg your pardon?

비테
독 : Bitte?

빠르동 부드리에부 레뻬
불 : Pardon. Voudriez-vous repe.

모 오 이찌 도 잇 데 구다 사 이
일 : もう一度言って下さい.

칭니짜이쉬이휘빠
중 : 請你再説一回吧.

◇회화를 위한 기본 단어

- 소년⇨〔영〕boy(보이). 〔독〕der Knabe(데어 크나베). 〔불〕le garçon(르 가르송). 〔일〕少年(쇼우넨). 〔중〕少年(샤오넨)
- 소녀⇨〔영〕gilr(걸). 〔독〕das Mädchen(다스 메드헨). 〔불〕la petite fille(라 쁘띠뜨 피예). 〔일〕少女(쇼우조). 〔중〕少女(샤오뉘)

15. 더 천천히 말씀해 주세요.

스피크 모어 슬로울리, 플리즈
영 : Speak more slowly, please.

비테 쉬프레헨 지 랑그자머
독 : Bitte sprechen Sie langsamer!

빠를레 쁠뤼 랑뜨망 실 부 쁠레
불 : Parlez plus lentement, s'il vous plaît.

못 도 육 구 리하나시 데 구다사이
일 : もっとゆっくり話して下さい.

칭니짜이만이떼이어르쉬화빠
중 : 請你再慢一点説話吧.

◇회화를 위한 기본 단어

● 귀⇨〔영〕ear(이어). 〔독〕das Ohr(다스 오르). 〔불〕l'oreille(로레이예). 〔일〕耳(미미). 〔중〕耳朵(어르뚸)

16. 당신 이름은 무엇입니까?

메이 아이 해브 유어 네임
영 : May I have your name
플리즈
please?

뒤르프테 이히 움 이렌 나멘
독 : Dürfte ich um Ihren Namen
비텐
bitten?

껠레 보뜨르 농
불 : Quel est votre nom?

아 나 다 노 오 나마에 와
일 : あなたのお名前は.

니꿰이싱
중 : 你貴姓?

◇회화를 위한 기본 단어

● 아기⇨〔영〕baby(베이비). 〔독〕der Säugling(데어 조이글링). 〔불〕le bébé(르 베베). 〔일〕赤ん坊(아깐보오). 〔중〕嬰儿(잉어르)

17. 잠간만 기다려 주세요.

웨이트 어 미니트 플리즈
영 : Wait a minute, please.

바르텐 지 비테 아이넨
독 : Warten Sie bitte einen

아우겐블리크
Augenblick.

아땅데 윈 미뉘뜨 실
불 : Attendez une minute s'il

부 쁠레
vous plaît.

쫏 도 오 마 찌 구다 사 이
일 : ちょっとお待ち下さい.

칭니떵이휘르빠
중 : 請你等一會吧.

◇회화를 위한 기본 단어

● 코⇨〔영〕nose(노우즈). 〔독〕die Nase (디 나제). 〔불〕le nez(르 네). 〔일〕鼻(하나). 〔중〕鼻子(삐즈)

18. 만나서 기뻐요.

아이엠 베리 글래드 투 시 유
영 : I am very glad to see you.

에스 프로이트 미히 제어 지 쭈
독 : Es freut mich sehr Sie zu

제엔
sehen.

스 쉬이 죄뢰〔죄뢰즈〕
불 : Je suis heureur 〔heureuse

드 부 랑꽁 뜨레
女〕 de vous renconter.

오 아 이 데 끼 데 우 레 시 이
일 : お会いできてうれしい.

워젠다오니쩬까오싱
중 : 我見到你, 真高興.

◇회화를 위한 기본 단어

- 머리⇨〔영〕head(헤드). 〔독〕der Kopf (데어 코프프). 〔불〕la tete(라 떼뜨). 〔일〕頭(아다마). 〔중〕腦袋(나오따이)

19. 이것으로 좋습니까?

이즈 디스 올 라잇
영 : Is this all right?

이스트 에스 구트 소
독 : Ist es gut so?

세 비엥
불 : C'est bien?

고 레 데 이 이 데 스 까
일 : これでいいですか.

쩌거하오마
중 : 这个好嗎?

20. 대단히 감사합니다.

영 : Thank you very much. (댕큐 베리 머치)

독 : Vielen Dank. (피일렌 당크)

불 : Merci beaucoup. (메르시 보꾸)

일 : どうもありがとう. (도오모아리가도오)

중 : 謝謝. (셰셰)

◇회화를 위한 기본 단어

- 나⇨〔영〕I(아이). 〔독〕ich(이히). 〔불〕Je(즈), moi(모와). 〔일〕私(와다시, 와다구시). 〔중〕我(워)
- 우리들⇨〔영〕we〔위). 〔독〕wir(비어). 〔불〕nous(누). 〔일〕私たち(와다시다찌) 〔중〕我們(워먼)

21. 천만에요.

유 아 웰컴
영 : You are welcome.

비테
독 : Bitte.

즈 부 장 쁘리
불 : Je vous en prie.

도오이 다시마시데
일 : どういたしまして.

하오쉬
중 : 好說.

◇회화를 위한 기본 단어

- 너(당신)⇨〔영〕you(유). 〔독〕Síe(지). 〔불〕vous(부). 〔일〕あなた(아나따) 〔중〕你(니)
- 그 사람⇨〔영〕he〔히). 〔독〕er(에어). 〔불〕il(일), lui(뤼이). 〔일〕彼(가레). 〔중〕他(타)

22. 미안합니다.

익스큐즈 미
영 : Excuse me.

엔트쉴디겐 지 비테
독 : Entschuldigen Sie bitte.

엑스퀴제모와
불 : Excusez-moi.

스 미 마 셍
일 : すみません.

뚜이뿌찌
중 : 対不起.

◇회화를 위한 기본 단어

- 손⇨〔영〕hand(핸드). 〔독〕die hand (디 한트). 〔불〕la main(라 멩). 〔일〕手(데) 〔중〕手(쇼우)
- 발⇨〔영〕foot(푸트). 〔독〕der Fuss(데어 푸스). 〔불〕le pied(르 삐에). 〔일〕足(아시). 〔중〕脚(자오)

23. 아니 좋습니다.

대츠 올 라잇
영 : That's all right.

조 이스트 에스 구트
독 : So ist es gut.

메르시 슬라 쉬피뜨
불 : Merci, cela suffit.

이 야 이 인 데 스 요
일 : いや, いいんですよ.

메이꽌시
중 : 没关系.

◇회화를 위한 기본 단어

- 그녀(그 여자)⇨〔영〕she(쉬). 〔독〕sie(지). 〔불〕elle(엘). 〔일〕彼女〔가노조). 〔중〕她(타)
- 그들(그 사람들)⇨〔영〕they(데이). 〔독〕sie(지). 〔불〕eux(외). 〔일〕彼等 (가레라). 〔중〕他們(타먼)

24. 그것은 어디 있읍니까?

훼어 이즈 잇
영 : Where is it?

보 이스트 에스
독 : Wo ist es?

우 에스 꾸 세
불 : Où est-ce que cest?

소 레 와 도 꼬 니 아 리 마 스 까
일 : それはどこにありますか.

나거짜이나르
중 : 那个在哪儿?

25. 그것은 무엇입니까?

휘트　　이즈 이트
영 : What is it?

바스　　이스트 다스
독 : Was ist das?

께데스　　　　꾸　　세
불 : Qu'est-ce que c'est?

소 레 와 난 데 스 까
일 : それは何ですか.

나시션머
중 : 那是什么?

26. 언제입니까? (날짜를 물을 때)

휀
영 : When?

반
독 : Wann?

깡
불 : Quand?

이 쓰 데 스 까
일 : いつですか.

션머시호우
중 : 什么时候.

◇회화를 위한 기본 단어

- 한국인⇨〔영〕Korean(코리언). 〔독〕der Koreaner(데어 코레아너). 〔불〕Coreen(꼬렝). 〔일〕韓國人(강고꾸징). 〔중〕韓國人(한꿔런)
- 영국인⇨〔영〕Englishman(잉글리쉬맨). 〔독〕der Engländer(데어 엥글렌더). 〔불〕Anglais(앙글레). 〔일〕英國人 (에이고꾸진). 〔중〕英國人(잉꿔런)

27. 왜요 ? (반문할 때)

화이
영 : Why ?

바룸
독 : Warum ?

뿌르끄와
불 : Pourquoi ?

나 제 데 스 까
일 : 何故ですか.

전머
중 : 怎么 ?

◇회화를 위한 기본 단어

- 라이터⇨〔영〕cigarette lighter(시거렛 라이터). 〔독〕das Feuerzeug(다스 포이에르쪼이크). 〔불〕le briquet(르 브리께). 〔일〕ライター(라이따). 〔중〕打火机(다훠찌)
- 시계⇨〔영〕watch(워치). 〔독〕die Uhr(디 우르). 〔불〕la montre(라 몽뜨르). 〔일〕時計(도께이). 〔중〕钟表(쭝 빠오)

28. 누구입니까?

후
영 : Who?

베르
독 : Wer?

뀌　　에스
불 : Qui est-ce?

다레 데 스 까
일 : 誰ですか.

쉐이
중 : 誰?

◇회화를 위한 기본 단어

- 프랑스인⇨〔영〕Frenchman(프렌치 먼). 〔독〕der Franzose(데어 프란쪼제). 〔불〕Francais(프랑세). 〔일〕フランス人(후란스진). 〔중〕法國人(파꿔 런)
- 중국인⇨〔영〕Chinese(차이니즈). 〔독〕der Chinese(데어 키네제). 〔불〕Chinois(신와). 〔일〕中國人(주우꼬꾸징). 〔중〕中國人(쭝꿔 런)

29. 누구의 것입니까?

후즈
영 : Whose?

베센
독 : Wessen?

아 퀴 에스
불 : A qui est-ce?

다레 노 모 노 데 스 까
일 : 誰のものですか.

시쉐이더
중 : 是誰的.

◇회화를 위한 기본 단어

- 양복점⇨〔영〕tailor shop(테일러 숍). 〔독〕der Schneiderladen(데어 쉬나이더라덴). 〔불〕le tailleur(르 따이예르). 〔일〕洋服屋(요오후꾸야). 〔중〕西服店(시푸뗀)

30. 어떻게 해서? (이유를 물을 때)

하우
영 : How ?

비
독 : Wie ?

꼬망
불 : Comment ?

도 오 이 우 후 우 니 시 데
일 : どういうふうにして.

전양
중 : 怎样.

◇회화를 위한 기본 단어

- 앞(쪽) ⇨ 〔영〕front(프런트). 〔독〕die Vorderseite(디 포르더자이테). 〔불〕le devant(르 드방). 〔일〕前方(젠뽀우). 〔중〕前方(첸팡)
- 뒤(쪽) ⇨ 〔영〕rear(리어). 〔독〕die Ruckseite(디 뤼크자이테). 〔불〕l'arriere(라리에르). 〔일〕復方(고오호오). 〔중〕后方(호우팡)

31. 얼마나 멉니까? (거리를 물을 때)

하우　파
영 : How far ?

비　베이트
독 : Wie Weit ?

에스　로왕
불 : Est-ce loin ?

도 노 구 라 이 도오이 데 스 까
일 : どのくらい遠いですか.

유뚜어완
중 : 有多远?

◇회화를 위한 기본 단어

- 오른쪽⇨〔영〕right(라이트). 〔독〕rechts (레흐츠). 〔불〕la droite(라 드르와뜨). 〔일〕右(미기), 右側(미기가와). 〔중〕右 (유), 右边(유뻰)
- 왼쪽⇨〔영〕left(레프트). 〔독〕links(링크스). 〔불〕la gauche(라 고시). 〔일〕左 (히다리), 左側(히다리가와). 〔중〕左 (쭤), 左边(쭤뻰)

32. 얼마나 걸립니까? (시간)

하우 롱
영 : How long?

비 랑게
독 : Wie lange?

꽁비엥 드 땅 포띨
불 : Combien de temps faut-il?

도 노 구 라 이 가 까 리 마 스 까
일 : どのくらいかかりますか.

띠뚜어샤오시젠
중 : 得多少时間.

◇회화를 위한 기본 단어

- 봄⇨〔영〕spring(스프링). 〔독〕der Frühling(데어 프륄링). 〔불〕le printemps(르 쁘렝땅). 〔일〕春(하루). 〔중〕春天(춘텐)
- 여름⇨〔영〕summer(섬머). 〔독〕der Sommer(데어 조머). 〔불〕l'été(레떼). 〔일〕夏(나쓰). 〔중〕夏天(샤텐)

33. 얼마입니까? (값을 물을 때)

하우 머치
영: How much?

바스 코스테트 에스
독: Was kostet es?

꽁비엥
불: Combien?

이 꾸 라 데 스 까
일: いくらですか.

뚜어샤오첸
중: 多少錢.

◇회화를 위한 기본 단어

- 가을⇨〔영〕autumn(오텀). 〔독〕der Herbst(데어 헤르프스트). 〔불〕l'automne(로똔). 〔일〕秋(아끼). 〔중〕秋天(추텐)
- 겨울⇨〔영〕winter(윈터). 〔독〕der Winter(데어 빈터). 〔불〕l'hiver(리베르). 〔일〕冬(후유). 〔중〕冬天(뚱텐)

34. 몇 개 입니까?

하우 매니
영 : How many?

비 필레
독 : Wie viele?

꽁비엥 드
불 : Combien de～?

이 꾸 쓰 데 스 까 (수우)
일 : いくつですか(数).

유뛰샤오
중 : 有多少.

◇회화를 위한 기본 단어

- 일(1)⇨〔영〕one(원), 〔독〕eins(아인스). 〔불〕un(욍). 〔일〕1 (이찌). 〔중〕一(이)
- 이(2)⇨〔영〕two(투). 〔독〕zwei(쯔바이). 〔불〕deux(되). 〔일〕2 (니). 〔중〕二(어르)
- 삼(3)⇨〔영〕three(트리). 〔독〕drei (드라이). 〔불〕trois(뜨르와). 〔일〕3 (산). 〔중〕三(산)

35. 어느 쪽입니까?(방향을 물을 때)

휘치 원
영 : Which one ?

벨헤르 이스트 에스
독 : Welcher ist es ?

르껠
불 : Lequel ?

도 찌 라 데 스 까
일 : どちらですか.

나거
중 : 哪个.

◇회화를 위한 기본 단어

- 사(4)⇨〔영〕four(포). 〔독〕vier(피어). 〔불〕quatre(까뜨르). 〔일〕4(시). 〔중〕四(스)
- 오(5⇨〔영〕five(파이브). 〔독〕fünf(퓐프) 〔불〕cinq(생끄). 〔일〕5(고). 〔중〕五(우)

36. 이것은 내 것 입니다.

디스 이즈 마인 〔나트 마인〕
영 : This is mine 〔not mine〕.

다스 게회르트 미르 〔미르 니흐트〕
독 : Das gehört mir 〔mir nicht〕.

세 르 미엥 〔스 네 빠
불 : C'est le mien 〔Ce n'est pas

르 미엥〕
le mien〕.

고 레 와 와다구시노데스
일 : これは私のです.

쩌시워더〔뿌시워더〕
중 : 这是我的〔不是我的〕.

◇회화를 위한 기본 단어

● 어린이⇨〔영〕child(차일드). 〔독〕das Kind(다스 킨트). 〔불〕l'enfant(랑팡). 〔일〕子供(고도모). 〔중〕小孫(샤오하이)

37. 나는 한국 사람입니다.

아이앰　어　코리언
영 : I am a Korean.

이히　빈　크레이너
독 : Ich bin Koreaner.

즈　쉬　꼬랭
불 : Je suis coreen.

와다구시와강고꾸 징 데 스
일 : 私は韓國人です.

워시리 환꿔 런
중 : 我是 韓國人.

38. 내 이름은 김입니다.

마이 네임 이즈 김
영 : My name is Kim.

마인 나메 이스트 김
독 : Mein Name ist Kim.

즈 마뺄 김
불 : Je m'appelle Kim.

와다구시노나마에 와 김 데 스
일 : 私の名前は金です.

워싱 김
중 : 我姓 金.

◇회화를 위한 기본 단어

- 육(6)⇨〔영〕six(식스). 〔독〕sechs(제크스) 〔불〕six(시스). 〔일〕6(로꾸). 〔중〕六(류)
- 칠(7)⇨〔영〕seven(세븐). 〔독〕sieben(지벤). 〔불〕sept(세뜨). 〔일〕7(시찌) 〔중〕七(치)

39. 이 비행기는 예정대로 출발 합니까?

윌 디스 플라이트 리브 온

영 : Will this flight leave on

타임

time?

베르덴 비르 플란매시크

독 : Werden wir planmäBig

아프플리겐

abfliegen?

에 스 끄 라비옹 빠르띠라

불 : Est-ce que l'avion partira

아 뢰르 쁘레뷔

a l'heure prevue?

고 노 빙 와요오떼이도오 리 데 마 스 까

일 : この便は予定通り出ますか.

쩌빤패이찌짜이위띵시젠넝코우추

중 : 这班飞机在予定时間能够出

파마

发嗎?

40. 다른 항공 회사의 비행기 편을 알아 봐 주십시오.

플리즈 체크 더 아웃고우잉
영 : Please check the outgoing

플라이츠 오브 어더 에얼라인즈
flights of other airlines.

뷔르덴 지 비테 아인 말
독 : Würden Sie bitte ein mal

젠 오프 아이네 안데레
sehen, ob eine andere

플루클리니에 아인 파센데스
Fluglinie ein passendes

플루크쪼이크 하트
Flugzeug hat ?

뿌리에부 베리피에 레
불 : Pourriez-vous verifier les

볼 앙 빠르땅스 데 조뜨르
vols en partance des autr-

꽁빠니
es compagnies ?

호까 노 고오꾸우가이샤 노 빙 오 시 라 베 데 구다
일 : 他の航空会社の便を調べて下

사 이
さい.

칭땨오차삐더항쿵꿍스더추파
중 : 請調査別的航空公 司的出发

시젠
时間.

41. ～ 도착은 몇 시입니까?

휀 두 위 랜드 앳 ～

영 : When do we land at ～?

반 란덴 비르 인 ～

독 : Wann landen wir in ～?

깡 아떼리송 누

불 : Quand atterrissons-nous

아 ～

a ～?

짜꾸와 난 지 데 스 까

일 : ～ 着は何時ですか.

션머시호우다오 ～ 너

중 : 什么时候到 ～ 呢?

◇회화를 위한 기본 단어

● 팔(8)⇨〔영〕eight(에이트). 〔독〕acht(아하트). 〔불〕huit(위이뜨). 〔일〕8 (하찌) 〔중〕八(빠)

42. (6)번 게이트는 어디입니까?

훼어 이즈 게이트 식스
영 : Where is Gate (6) ?

보 이스트 플루크쉬타이크(6)
독 : Wo ist Flugsteig (6) ?

우 에 라 뽀르뜨 (6)
불 : Ou est la porte (6) ?

로꾸 방 게 이트 와 도 꼬 데 스 까
일 : (6)番ゲートはどこですか.

띠(류)하오 웨 따이짜이나르
중 : 第(六)号月台在哪儿?

43. 동경행으로 갈아타는 곳은 어디입니까?

훼어 머스트 아이트랜스퍼 포

영 : Where must I transfer for

토쿄

(Tokyo).

보 무스 이히 나하(토쿄)

독 : Wo muβ ich nach(Tokyo)

움쉬타이겐

umsteigen?

우 드와즈 샹제 다비옹

불 : Ou dois-je changer d'avion

뿌르(토쿄)

pour (Tokyo)?

(도쿄) 에 노 노 리 쓰 기 와 도 꼬 데

일 : (東京)への乗り継ぎはどこで

스 까

すか.

다오(뚱찡), 짜이나르환찌

중 : 到(東京), 在 哪儿换机?

44. 짐은 모두(3)개 입니다.

아이 해브(트리) 피시즈 오브
영 : I have (three) pieces of
배기지
baggage.

이히 하베 (드라이) 게패크쉬튀케
독 : Ich habe (drei) Gepackstucke.

제 (뜨로와) 바가즈
불 : J'ai (trois) bagages.

니모쓰와전부데산꼬데스
일 : 荷物は全部で(3)個です.

싱리이꿍유 (산) 거
중 : 行李一共有(三)个.

◇회화를 위한 기본 단어

- 구(9)⇨〔영〕nine(나인). 〔독〕neun(노인). 〔불〕neuf(뇌프). 〔일〕9 (구). 〔중〕九(쭈)
- 십(10)⇨〔영〕ten(텐). 〔독〕zehn(짼). 〔불〕dix(디스). 〔일〕10(주우). 〔중〕十(시)

45. 초과 요금은 모두 얼마입니까?

휘트 이즈 더 익세스 배기지
영: What is the excess baggage
차지
charge?

비 토이에르 이스트 위베르게비히트
독: Wie teuer ist Ubergewicht.

께 레 르 따리프 데 바가즈
불: Quel est le tarif des bagages
앙 엑세당
en éxcedént?

쪼오까료오낑 와 이 꾸 라 데 스 까
일: 超過料金はいくらですか.

사오어페이융둬샤오첸너
중: 超額費用多少錢呢.

46. 자리를 바꾸어도 좋읍니까?

메이 아이 체인지 마이 시트
영: May I change my seat,

플리즈
please?

다르프 이히 마이넨 플라츠
독: Darf ich meinen Platz

베크셀른
wechseln?

쀠이즈 샹제 드 쁠라스
불: Puis-je changer de place?

자세끼 오 가 왓 데 모 이 이 데 스 까
일: 座席をかわってもいいですか.

워삔겅쭤웨이하오뿌하오
중: 我変更坐位好不好?

47. 물〔오렌지·쥬스〕을 주세요.

플리즈 기브 미 어 글라스 오브

영 : Please give me a glass of

워터 〔오렌지 쥬스〕

water 〔orange juice〕.

아인 글라스 바세르 〔오란젠

독 : Ein Glas Wasser 〔Orangen

자프트〕 비테

saft〕, bitte.

욍 베르 되 〔윈 쥐

불 : Un verre d'eau 〔Un jus

도랑즈〕 실부 쁠레

d'orange〕, s'il vous plait.

미즈 〔오 렌 지 주 스〕 오 구다 사 이

일 : 水〔オレンジ・ジュース〕を下さい.

께이워이빼이량쉬〔쮜즈찌〕

중 : 給我一杯凉水(橘子汁).

48. 한 컵만 더 주세요.

어너더 글라스 오브 워터
영 : Another glass of water,

플리즈
please.

비테 노호 아인 글라스 바세르
독 : Bitte noch ein Glas Wasser.

앙꼬르 윙 베르 실 부
불 : Encore un verre, s'il vous

쁠레
plaît.

모 오 잇 빠이구다사 이
일 : もう一杯下さい.

짜이께이워이뻬이빠
중 : 再給我一杯吧.

◇회화를 위한 기본 단어

- 목⇨〔영〕throat(스로우트). 〔독〕die Kehle(디 켈레). 〔불〕la gorge(라고르지) 〔일〕のど(노도). 〔중〕咽喉(옌호우)

49. (서울)에서는 지금 몇시입니까?

휘트 타임 이즈 이트 인 (서울)
영 : What time is it in (Seoul)?

비필 우르 이스트 에스 예쯔트 인
독 : Wieviel Uhr ist es Jetzt in

(서울)
(Seoul) ?

께 외르 에띨 맹뜨망
불 : Quelle heure est-il maintnant

아 (서울)
a (Seoul) ?

(소우루) 데 와 이마 난 지 데 스 까
일 : (ソウル)では今何時ですか.

( )쎈 짜 이 찌 뗸 쭝 너
중 : ( )現在几点鈡呢.

50. 일본어〔영어〕 신문은 있읍니까?

두 유 해브 어 재퍼니즈
영 : Do you have a Japanese

뉴스페이퍼 〔언 잉글리시
newspaper 〔an English

뉴스페이퍼〕
newspaper〕?

하벤 지 아이네 야파니셰
독 : Haben Sie eine Japanische

짜이퉁 〔아이네 잉글리셰
Zeitung 〔eine englische

짜이퉁〕
Zeitu ng〕?

아베 부 욍
불 : Avez - vous un Journal

자뽀네 〔앙글레〕
Japonais 〔anglais〕?

니 뽕 고 〔에이고〕 노 신 붕 와 아 리

일 : 日本語〔英語〕 の新聞 はあり

마 스 까

ますか.

리번원(잉원)더빠오 유메이유

중 : 日本文〔英文〕的报, 有没有 ?

51. 속도는 어느 정도 입니까?

하우 패스트 아 위 플라이잉
영 : How fast are we flying?

비 쉬넬 플리겐 비르 예츠트
독 : Wie schnell fliegen wir jetzt?

아 껠 비떼스 볼롱 누
불 : A quelle vitesse volonsnous?

소꾸도 와 도노 구라이 데스까
일 : 速度はどのくらいですか.

페이더수뚜 유 뛰샤오
중 : 飞的速度有多少?

52. 지금 날고 있는 곳은 어디입니까?

훼어 아 위 플라이잉 나우
영 : Where are we flying now?

보 플리겐 비르 예츠트
독 : Wo fliegen wir jetzt?

우 볼롱 누 맹뜨낭
불 : Ou volons-nous maintenant?

이마 도 꼬 오 돈 데 이 마 스 까
일 : 今どこを飛んでいますか.

셴다오페이다오선머띠팡러
중 : 現到飞到什么地方了?

◇회화를 위한 기본 단어

- 동쪽⇨〔영〕east(이스트). 〔독〕der Osten(데어 오스텐). 〔불〕lest(레스뜨). 〔일〕東(히가시). 〔중〕東(뚱)
- 서쪽⇨〔영〕west(웨스트). 〔독〕der Westen(데어 베스텐). 〔불〕l'ouest(루에스뜨). 〔일〕西(니시). 〔중〕西(시)

53. 이 다음은 어디서 섭니까?

휘트 이즈 더 넥스트 스토핑

영 : What is the next stopping

플레이스

place?

비 하이스트 데르 내흐스테

독 : Wie heißt der nächste

란데플라츠

Landeplatz?

껠 레 라 쁘로셰느

불 : Quelle est la prochaine

에스깔

escale?

고 노 쓰기 와 도 꼬 니 도 마 리

일 : この次はどこに止まりますか.

샤휘짱뤄짜이션머띠팡

중 : 下回降落在什么地方?

54. 얼마 동안 섭니까?

하우 롱 두 위 스톱 오버
영 : How long do we stop over
히어
here?

비 랑게 하벤 비르 히어
독 : Wie lange haben wir hier
아우프엔트할트
Aufenthalt?

꽁비엥 드 땅 누
불 : Combien de temps nous
자레똥 누 지시
arrêtons-nous ici?

도 노 구 라 이 도 맛 데 이 마 스 까
일 : どのくらい止まっていますか.

팅뚸샤오시젠
중 : 停多少时間?

55. 이서류의 쓰는 법을 가르쳐 주세요.

플리즈 쇼우 미 하우 투
영 : Please show me how to
필 인 디스 폼
fill in this form.

비 무스 이히 디제스 포르
독 : Wie muß ich dieses For
물라르 아우스퓔렌
mular ausfullen ?

디뜨모와 꼬망 랑쁠리르
불 : Dites-moi comment remplir
세 포르말리떼
ces formalites.

(니유고꾸쇼루이 오 미 세 데) 고 노 쇼루이
일 : 入國書類を見せて)この 書類
노 가 끼 가다 오 오시 에 데 구다사이
の書き方を教えて下さい.

칭가오수워쩌짱원젠더셰 파빠
중 : 請告訴我这張文件 的写法吧.

56. 출발할 때 알려 주십시오.

플리즈 텔 미 휀 더
영 : Please tell me when the
플레인 이즈 어바우트 투 리브
plane is about to leave.

자겐 지 미르 비테 반
독 : Sagen Sie mir bitte, wann
다스 플루크쪼이크 비데르
das Flugzeug wieder
아프플리크트
abfliegt.

깡 라비옹 빠르띨
불 : Quand l'avion part-il?

슛바쓰노도끼오 오시에 데구다사이
일 : 出發の時を教えて下さい.

추파시호우칭자오워이셩빠
중 : 出发时候, 請叫我一声吧.

57. 나는 관광객입니다.

아이 앰 어 투어리스트
영 : I am a tourist.

이히 빈 토우리스트
독 : Ich bin Tourist.

즈 쉬 뚜리스뜨
불 : Je suis touriste.

와다구시와강꼬우갸꾸 데 스
일 : 私は観光客です.

워시거관꽝더뤼커
중 : 我是个观光的旅客.

◇회화를 위한 기본 단어

- 남쪽⇨〔영〕south(사우스). 〔독〕der Süder(데어 쉬덴). 〔불〕le sud(르 쉬드) 〔일〕南(미나미). 〔중〕南(난)
- 북쪽⇨〔영〕north(노스). 〔독〕der Norden(데 노르덴). 〔불〕le nord(르 노르). 〔일〕北(기다). 〔중〕北(뻬이)

58. (일주일 간) 머뭅니다.

아이앰 고잉 투 스테이 포 (어

영 : I am going to stay for (a

위크)

week).

이히 뫼흐테 퓌르 (아이네 블라이벤

독 : Ich möhte für (eine bleiben).

즈 보헤 세주르네 (윈

불 : Je woche sèjourner (une

스메느)

semaine).

(이 슈 우 깐) 다이자이 시 마 스

일 : (一週間) 滞在します.

워야오토우류 (이거싱찌)

중 : 我要逗留 (一个星期).

59. 이것은 친구에게 줄 선물 입니다.

디스 이즈 어 기프트 포 어 프렌드
영 : This is a gift for a friend.

다스 이스트 아인 게셍크 퓌르
독 : Das ist ein Geschenk für

아이넨 프로인트
einen Freund.

세 윙 까두 뿌르 윙 아미
불 : C'est un cadeau pour un ami.

고 레 와 유 우 징 에 노 미 야 게 힌 데 스
일 : これは友人への土産品です

쩌 시 께 이 펑 유 더 리 핀
중 : 这是給朋友的礼品

◇회화를 위한 기본 단어

- 도로⇨〔영〕road(로드). 〔독〕die Straße (디 쉬트라세). 〔불〕la route(라 루뜨) 〔일〕道路(도오로). 〔중〕道路(다오루)

60. ～에서는(이천원)쯤 합니다.

이트 코스츠 어바우트 엔
영 : It costs about (2000) yen
인
in～

에스 코스테트 인 운게패르
독 : Es kostet in～ungefähr
옌
(2000) Yen.

일 꾸뜨 앙비론 엥
불 : Il coûte environ (2000) Yen
오
au ～

데 와 (니 셍) 엥 구 라 이 시 마 스
일 : ～では(2千)円くらいします.

짜이 떠리삐 (량첸) 윈
중 : 在日～得日幣(兩千)圓左右.

61. 이것은 일본에 가지고 갈 선물입니다.

디스 이즈 어 수버니어 아임
영 : This is a souvenir I'm

테이킹 투 재팬
taking to Japan.

다스 이스트 아인 안덴켄 다스
독 : Das ist ein Andenken, das

이히 나흐 야판 미트네멘
ich nach Japan mitnehmen

뫼흐테
möchte.

세 떵 수브니르 꾸 장
불 : C'est un souvenir que j'em-

뽀르뜨 오 자뽕
porte au Japon.

고 레 와 니뽄 니 모 찌 가에루 미야게 힌
일 : これは日本に持ち帰る土産品

데 스
です.

짜시야오따이휘리번더투찬
중 : 这是要带回日本的土产品.

◇회화를 위한 기본 단어

● 유원지⇨〔영〕recreation ground (레그레이션 그라운드). 〔독〕der Vergnüg ungspark(데어 페어그뉘궁스파르크). 〔불〕la cour de récréation(라 꾸르드 레끄레아시옹). 〔일〕遊園地(유우엔찌).〔중〕遊园地(유완띠)

62. 이 영수증을 주십시오.

메이 아이해브 어 리시트 포 이트
영 : May I have a receipt for it?

퀸테 이히 아이네 퀴퉁 다퓌르 하벤
독 : Könnte ich eine Quittung dafür haben?

조 부드레 욍 르쉬
불 : Je voudrais un recu.

소 노아즈까리 쇼우 오 구다 사 이
일 : その預り証を下さい.

께이워나거춘땨오빠
중 : 給我那个存条吧.

◇회화를 위한 기본 단어

- 바다⇨〔영〕sea(시이). 〔독〕das Meer(다스 메르). 〔불〕la mer(라 메르) 〔일〕海(우미). 〔중〕海洋(하이양)

63. 승선 시간은 몇 시입니까?

휀 두 위 엠바크

영 : When do we embark?

반 겐 비르 안 보르토

독 : Wann gehen wir an Bord?

깡 데스 꽁 낭바르

불 : Quand est-ce qu'on embar-

께

que?

조우센 지 깡 와 난 지 데 스 까

일 : 乗船時間は何時ですか.

샹촨시젠시찌뗀쭝너

중 : 上船時間是几点鈡呢.

◇회화를 위한 기본 단어

● 이쪽⇨〔영〕this side(디스 사이드). 〔독〕auf dieser Seite(아우프 디저 자이테) 〔불〕ce côté(스 꼬떼). 〔일〕こちら側(고찌라가와). 〔중〕这边(쩌뻰)

64. 언제 배가 떠납니까?

휀 더즈 디스 십 세일
영 : When does this ship sail?

반 패르트 다스 쉬프 아프
독 : Wann fährt das Schiff ab?

깡 스 바또 빠르띨
불 : Quand ce bateau part-il?

이 쓰 슈 빤 시 마 스 까
일 : いつ出帆しますか.

션머시호우카촨너
중 : 什么時候开船呢?

◇회화를 위한 기본 단어

- 사과⇨〔영〕apple(애플). 〔독〕der Apfel (데어 아프펠). 〔불〕la pomme(라 뽐). 〔일〕りんご(링고). 〔중〕苹果(핑꿔)
- 귤⇨〔영〕orange(오렌지). 〔독〕die Orange(디 오란제). 〔불〕l'orange(로랑지). 〔일〕みかん(미깡). 〔중〕橘子(쥐즈)

65. 정박 중에 시내를 구경하고 싶습니다.

아이원트 투 두 섬 사이트싱
영 : I want to do some sightse

화일 더 십 이즈 인
eing while the ship is in

포트
port.

이히 뫼흐테 미르 아이니게 젠
독 : Ich möchte mir einige Seh-

스뷔르티히 카이텐 안젠
enswürdig keiten ansehen,

배렌트 다스 쉬프 임 하펜
während das Schiff im Ha-

이스트
fen ist.

즈 데지르 페르 껠끄
불 : Je désire faire quelques

엑뀌르시옹 빵당 레스깔
excursions pendant l'escale.

데이하꾸쭈우 니마찌 오 겐부쓰 시 다 이
일 : 停泊中に町を見物したい.

띵뿨쭝워야오샹쩨상유란취
중 : 停泊中, 我要上街上遊覧去.

◇회화를 위한 기본 단어

● 저쪽⇨〔영〕opposite side(오퍼지트 사이드). 〔독〕auf der anderen Seite(아우프 데르 안데렌 자이테). 〔불〕l'autre côte(로뜨르 꼬떼). 〔일〕向こう側(무꼬오가와). 〔중〕那辺(나삐엔)

66. 내 식사 시간은 몇 시부터 입니까?

플리즈 텔 미 훠트 더
영: Please tell me what the
다이닝 아워즈 아
dining hours are.

쾨넨 지 미르 디 에센스짜이텐
독: Können Sie mir die Essen-
자겐
szeiten sagen?

블레 부 므 디르 뢰르
불: Voulez-vous me di l'heure
데 르빠
des repas?

와다시노 쇼꾸 지깡 와 난 지 까 라 데
일: 私の食事時間は何時からで
스 까
すか.

워치판더시젠시짜이찌뗀쭝더
중 : 我吃飯的時間是在几点鈡的
너
呢?

◇회화를 위한 기본 단어

● 네거리⇨〔영〕street crossing (스트리트 크로싱). 〔독〕die Straßenkreuzung (디 쉬트라센크로이쭝). 〔불〕le carrefour (르까르프르). 〔일〕交叉点(고우사뗑). 〔중〕十字路(시쯔루), 交叉点(자오차뗀)

67. 교환소는 어디입니까?

훼어 캔 아이 체인지 섬
영 : Where can I change some
머니
money?

보 칸 이히 에트바스 겔트
독 : Wo kann ich etwas Geld
베크셀른
wechseln?

우 쀠즈 샹제 드 라르
불 : Ou puis-je changer de l'ar-
장
gent?

료우가에조와도꼬데스까
일 : 両替所はどこですか.

뚜이환쉬짜이나르
중 : 兌換所在哪儿?

68. (미국 은행)은 몇 시까지 하고 있습니까?

하우 레이트 이즈 더 (뱅크 오브
영 : How late is the (Bank of

아메리카) 오픈
America) open?

비 랑게 이스트 디
독 : Wie lange ist die(Bank of

오펜
America) offen?

아 껠 뢰르 라
불 : A quelle heure la (Bank of

페름뗄
America) ferme-t-elle?

(아 메 리 까 깅 꼬우) 와 난 지 마 데 얏
일 : アメリカ銀行) は何時までや

데 이 마 스 까
っていますか.

(메이꿔인항) 잉예다오찌뗀쭝
중 : (美國銀行)營业到几点鈡.

69. (20달러) 바꾸어 주십시오.

플리즈 체인지 (트웬티) 달러즈
영 : Please change (20) dollars.

비테 베크셀른 지 미르
독 : Bitte, wechseln Sie mir

(쯔반찌히) 돌라
(20) Dollar.

뿌베 부 샹즈 세
불 : Pouvez-vous changer ces

(벵) 돌라르
(20) dollars?

(니주우도루) 료우에가시 데 구다 사이
일 : (20ドル) 両替して下さい.

칭니뛰환(어르시메이찐) 빠
중 : 請你兌換(二十美金)吧.

◇회화를 위한 기본 단어

- 이것⇨〔영〕this(디스). 〔독〕dieser(디저) 〔불〕ceci(서시). 〔일〕これ(고레). 〔중〕这个(쩌거)

70. 잔돈도 섞어 주십시오.

아이원트 섭 스몰 체인지
영 : I want some small change.

이히 뫼흐테 에트바스 클라인겔트
독 : Ich möchte etwas Kleingeld

하벤
haben.

즈 부드레 아보와르 드 라
불 : Je voudrais avoir de la

빼띠뜨 모네
petite monnaie.

고 제 니 모 마 제 데 구다 사 이
일 : 小銭も混ぜて下さい.

링첸예빠오쿼짜이네이빠
중 : 零銭也包括在内吧.

71. 다시 달러로 바꾸어 주세요.

플리즈 체인지 디스 백 인

영 : Please change this back in

투 달러즈

to dollars.

비테 베크셀른 지 다스 인

독 : Bitte, wechseln Sie das in

돌라 쭈뤼크

Dollar zurück.

뿌베 부 르꽁베르띠르

불 : Pouvez-vous reconvertir

세시 앙 돌라르

ceci en dollars ?

도 루 니 사이고우깐 시 데 구다사 이

일 : ドルに再交換して下さい.

짜이환청메이완빠

중 : 再換成美元吧.

72. 여행 수표를 잃었읍니다. 재발행해 주시겠읍니까?

아이브 로스트 마이 트래블러즈
영 : I've lost my traveler's

첵스 캔 아이해브 뎀
checks. Can I have them

리이슈드
reissued?

이히 하베 마이네 라이제셰크스
독 : Ich habe meine Reisesche-

페를로렌 칸 이히 디
cks. verloren Kann ich die

셰크스 노이아 우스게쉬텔트
Schecks neu ausgestellt

베코멘
bekommen?

제 뻬르뒤 메 셰끄 드
불 : J'ai perdu mes cheques de

브와야즈
voyage.

료꼬우고기떼오나꾸시마시다사이
일 : 旅行小切手をなくしました再

하꼬우시데모라에마스까
發行してもらえますか.

워빠뤼싱융찌뺘오뜌러넝뿌넝
중 : 我把旅行用支票丢了能不能

께이워짜이파싱너
給我再发行呢？

73. 관광안내소는 어디입니까?

훼어 이즈 더 투어리스트 인퍼

영 : Where is the tourist infor

메이션 오피스

mation office ?

보 이스트 다스 프렘덴 페르

독 : Wo ist das Fremden ver-

케르스암트

kehrsamt ?

우 에 르 뷔로 드 랑세뉴망

불 : Ou est le bureau de rensei-

ngements ?

강꼬우 안나이조 와 도 꼬 데 스 까

일 : 観光案内所はどこですか.

꽌광찌난쉬짜이나르

중 : 觀光指南所在哪儿 ?

74. 어디 좋은 호텔을 소개해 주십시오.

캔 유 리코멘드 어 굿

영 : Can you recommend a good

호텔

hotel ?

쾨넨 지 아인 미르 구테스

독 : Können Sie ein mir gutes

호텔 엠프펠렌

Hotel empfehlen ?

뿌리에 부 므 르꼬망데

불 : Pourriez-vous me recomma

욍 봉 노뗄

nder un bon hôtel ?

도 꼬 까 요 이 호 떼 루 오 쇼우까이 시 데

일 : どこか良いホテルを紹介して

구다 사 이

下さい.

칭니께이워쩨샤오이거하오더판뗀

중 : 請你給我介紹一个好的飯店.

75. 버스〔리무진〕 정류장은 어디입니까?

훼어 더즈 더 버스 〔더
영 : Where does the bus 〔the
리무진〕 리브
limousine〕 leave?

보 페르트 데르 옴니부스
독 : Wo fährt der Omnibus
〔바겐〕 아프
〔Wagen〕 ab?

두 로또뷔스 〔라 리무진〕
불 : D'ou Lantobus〔la limousine〕
빠르띨〔빠르뗄〕
partil 〔part-elle〕?

바 스 〔리 무 진〕 노 노 리 바 와
일 : バス〔リムジーン〕の乗り場は
도 꼬 데 스 까
どこですか.

꿍꿍치처〔찌창빠시처〕더처짠
중 : 公共汽車(机場巴士車〕的車站
짜아나르
在哪儿?

76. 이 짐을 택시까지 갖다 주세요.

테이크 디스 배기지 투 더
영 : Take this baggage to the
택시 플리즈
taxi, please.

브링겐 지 비테 디제스
독 : Bringen Sie bitte dieses
게패크 쭘 탁시
Gepäck zum Taxi.

앙뽀르떼 세 바가즈 오
불 : Emportez ces bagages au
따끄시 실 부 쁠레
taxi, s'il vous plaît.

고 노 니모쓰 오 다 꾸 시 마 데 운
일 : この荷物をタクシーまで運ん
데 구다 사 이
で下さい.

쩌거리싱리빤윈다오추쭈치처리빠
중 : 这个行李搬运到出租汽車里吧.

77. ～호텔로 가 주세요.

테이크 미 투 ～ 호텔
영 : Take me to ～ Hotel.

브링겐 지 미히 비테 쭘
독 : Bringen Sie mich bitte zum

호텔
Hotel～.

꽁뒤제 모와 아 로뗄
불 : Conduisez-moi à l'hôtel～.

～호 떼 루 에 잇 데 구다 사 이
일 : ～ホテルへ行って下さい.

다오판뗀취빠
중 : 到这飯店去吧.

◇회화를 위한 기본 단어

- 주소⇨〔영〕address(어드레스). 〔독〕die Adresse(디 아드레세). 〔불〕l'adresse(라드레스). 〔일〕住所(주우쇼). 〔중〕住址(쭈찌)

78. (주소를 보이면서) 여기에 가 주세요.

데이크 미 투 디스 플레이스

영 : Take me to this place.

브링겐 지 미히 비테 주

독 : Bringen Sie mich bitte zu

디저르 아드세레 레세

dieser Adresse.

꽁뒤제 모와 아 세 땅드로와

불 : Conduisez-moi a cet endroit.

(주우쇼가 끼 오 미 세 데) 고 꼬 에 잇

일 : (住所書きを見せて) ここへ行

데구다 사 이

って下さい.

다오쩌거띠팡취빠

중 : 到这个地方去吧.

79. 오늘밤 예약한 ~ 입니다.

마이 네임 이즈 ~ 아이 해브 어
영 : My name is ～ . I have a

레저베이션 히어 포 투
reservation here for to

나이트
night.

마인 나메 이스트 ~ 이히 빈
독 : Mein Name ist ～ . Ich bin

히어르 퓌르 호이테 아벤트 안게
hier für heute abend ange-

멜데트
melde.

몽 농 에 ~ 제
불 : Mon nom est ～ . J'ai

윈 레제르바시옹 포 세뜨
une reservation pour cette

뉘
nuit.

곤 방 요야꾸시다 ~ 데 스
일 : 今晩予約した ～ です.

워시위웨찐예더팡젠더춘톈
중 : 我是予約今夜的房間的村田.

◇회화를 위한 기본 단어

● 공중전화⇨public telephone(퍼블릭 텔리포운). 〔독〕das öffentliche Telefon (다스 외펜틀리헤 텔리폰). 〔불〕le telephone public(르 뗄레폰 쀠블리끄). 〔일〕公衆電話(고오슈우뎅와). 〔중〕公用电話(꿍융뗸화)

80. 방 값은 얼마입니까?

휘트 이즈 더 프라이스 오브 더

영 : What is the price of the

룸

room?

비 토이에르 이스트 다스 찌머르

독 : Wie teuer ist das Zimmer?

께 레 르 쁘리 드 세뜨

불 : Quel est le prix de cette

샹브르

chambre?

헤 야 다이 와 이 꾸 라 데 스 까

일 : 部屋代はいくらですか.

팡젠페이야오뚸샤오첸

중 : 房間费要多少錢?

◇회화를 위한 기본 단어

- 저것⇨〔영〕that(댓, 대트). 〔독〕jener(예너). 〔불〕cela(슬라). 〔일〕あれ(아레). 〔중〕那个(나거)

81. 선금은 필요합니까?

두 유 리콰이어 어 디포지트
영 : Do you require a deposit?

무스 이히 아이네 안짤룽
독 : Muß ich eine Anzahlung

마헨
machen?

블레 부 아 나꽁뜨
불 : Voulez-vous un acompte?

마에낑 와 이 리 마 스 까
일 : 前金はいりますか.

야오뿌야오위푸콴너
중 : 要不要予付款呢?

◇회화를 위한 기본 단어

● 개찰구⇨〔영〕wicket(위켓).〔독〕die Sperre(디 쉬페레).〔불〕le contrôle(르 꽁뜨롤).〔일〕改札口(가이사쓰구찌).〔중〕剪票口(젠빠오코우)

82. 더 싼 방은 없읍니까?

두 유 해브 에니싱 치퍼

영 : Do you have anything chea-per?

하벤 지 에트바스 빌리게레스

독 : Haben Sie etwas Billigeres?

아베 부 껠끄 쇼즈 드

불 : Avez-vous quelque chose de

메이예르 마르셰

meilleur marche?

못 도야스이 헤 야 와 아 리 마 셍 까

일 : もっと安い部屋はありませんか.

유메이유뺜이떼이어르더팡젠

중 : 有没有便宜点儿的房間.

◇회화를 위한 기본 단어

● 그것⇨〔영〕it(이트). 〔독〕es(에스).〔불〕le(르). 〔일〕それ(소레). 〔중〕那个(나거)

83. 조용한 방을 부탁합니다.

기브 미 어 콰이어트 룸
영 : Give me a quiet room.

게벤 지 미르 비테 아인
독 : Geben Sie mir bitte ein

루이게스 찌머르
ruhiges Zimmer.

도네모와 윈 샹브르
불 : Donnez-moi une chambre

뜨랑낄
tranquille.

시즈까 나 헤 야 오 다 노 미 마 스
일 : 静かな部屋を頼みます.

께이워쏸이거찌쩡더팡젠빠
중 : 給我选一个寂静的房間吧.

84. 오늘밤 투숙할 수 있읍니까?

캔 유 기브 미 어 룸
영 : Can you give me a room
포 투나이트
for tonight?

쾨넨 지 미르 아인 찌머르
독 : Können Sie mir ein Zimmer
퓌르 디제 나하트 게벤
für diese Nacht geben?

아베 부 윈 샹브르 뿌
불 : Avez-vous une chambre po-
르 라 뉘
ur la nuit?

(요우야꾸 나 시 데) 곤 방 도 마 레 마 스 까
일 : (予約なしで)今晩泊まれますか.

(워메이유띵팡) 찐완 넝뿌넝쭈
중 : (我没有定房)今晩能不能住
아
啊?

85. 목욕탕〔샤워〕이 있는 방에 들고 싶어요.

아이원트 어 룸 위드 배스

영 : I want a room with bath

〔샤우어〕

〔shower〕.

이히 뫼히테 아인 찌머르 미트

독 : Ich möchte ein Zimmer mit

바드 〔두세〕

Bad 〔Dusche〕.

즈 데지르 윈 샹브르 아베끄

불 : Je désire une chambre avec

살 드 벵 〔두세〕

salle de bains 〔douche〕.

후 로 〔샤 와〕 쓰 끼 노 헤 야

일 : 風呂〔シャワー〕付きの部屋

니 시 다 이

にしたい.

중 : 我要定一个帶浴池〔淋浴〕的房間.
(워야오띵이거따이위치〔린위〕더 팡젠.)

◇회화를 위한 기본 단어

- 보통열차⇨〔영〕ordinary train(오디너리 트레인). 〔독〕der Personenzug(데어 페르조넨쭈크). 〔불〕le train omnibus (르 뜨렝 옴니뷔스). 〔일〕普通列車(후쓰우 렛샤). 〔중〕普通列車(푸퉁례처)
- 야간열차⇨〔영〕night trina(나이트 트레인). 〔독〕der Nachtzug(데어 나하트쭈크). 〔불〕le train de nuit(르 뜨렝 드 뉘이). 〔일〕夜行列車(야끄우 렛샤). 〔중〕夜車(예처)

86. 더블 · 베드가 있는 방에 들고 싶어요.

아이원트 어 더블 룸
영 : I want a double room.

이히 뫼흐테 아인 도펠찌 머르
독 : Ich möchte ein Doppelzimmer.

즈 데지르 윈 샹브르 아베끄 리 두블
불 : Je désire une chambre avec lit double.

다 부 루 벳 도 노 헤 야 니 시 다 이
일 : ダブル・ベッドの部屋にしたい

워야오띵이거유솽런촹더팡젠
중 : 我要定一个有双人床的房間.

87. 요금에는 아침식사도 포함 되어 있읍니까?

더즈 디스 레이트 잉클루드 브레크
영 : Does this rate include break-

퍼스트
fast?

이스트 다스 프뤼쉬튀크 디젬
독 : Ist das Frühstück diesem

프라이스 아인게쉴로센
Preis eingeschlossen?

르 쁘띠 데죄네 에띨
불 : Le petit dejeuner est-il

꽁쁘리
compris ?

료 오낑 와 쪼우쇼꾸 쓰 끼 데 스 까
일 : 料金は朝食付きですか.

쩌거페이융시짜오판첸예짜이네이네이더
중 : 这个费用是早飯銭也在内的

마
嗎?

88. 체재를 하루 연장하고 싶습니다.

아이 원트 투 스테이 원 데이
영 : I want to stay one day

롱거
longer.

이히 뫼히테 아이넨 타크 랭거르
독 : Ich möchte einen Tag läger

블라이벤
bleiben.

즈 데지르 세주르네 웡 주르
불 : Je desire sejourner un jour

드 쁠뤼스
de plus.

다이자이오 이찌 니찌노 바시다이
일 : 滞在を一日延ばしたい.

워야오짜이뛰쭈이텐
중 : 我要再多住一天.

89. 하루 미리 떠나고 싶어요.

아이원트 투 리브 원 데이
영 : I want to leave one day

얼리어
earlier.

이히 뫼흐테 아이넨 타크
독 : Ich möchte einen Tag

프뤼에르 아프라이젠
früher abreisen.

즈 데지르 빠르띠르 욍 주르
불 : Je desire partir un Jour

쁠뤼 또
plus tôt.

이찌니찌하야 꾸 다 찌 다 이
일 : 一日早く發ちたい.

워야오짜오이텐치선
중 : 我要早一天起身.

90. 내일 아침 여덟 시에 출발 합니다.

아일 리브 애트(에잇) 투모로우
영 : I'll leave at (eight) tomorrow.

이히 베르데 모르겐 움 (아하트)
독 : Ich werde morgen um (acht)

우르 아프라이젠
Uhr abreisen.

즈 빠리띠레 드멩 아 (위이뜨)
불 : Je partirai demain à (8)

뙤르
heures.

묘오쪼우(하찌) 지 니 다 찌 마 스
일 : 明朝(8)時に發ちます.

밍텐짜오샹(빠) 뗀쭝
중 : 明天早上(八)点鈡我要起身.

91. 이 짐을 ~시까지 맡아 주세요.

플리즈 키프 디스 배기지
영 : Please keep this baggage
틸 ~ 어클로크
till ~ o'clock.

베바렌 지 비테 디제스
독 : Bewahren Sie bitte dieses
게패크 비스 ~ 우르 아우프
Gepäck bis ~ Uhr auf.

가르데 세 바가즈 쥐스까
불 : Gardez ces bagages jusqu'a
실 부 쁠레
~, s'il vou plaît.

고 노 니모쓰 오~ 지 마 데 아 즈깟 데 구 다
일 : この荷物を~時まで預って下
사 이
さい.

찌거싱리께이워빠오꽌다오 뗀쭝
중: 这个行李給我保管到～点鈡

빠
吧.

◇회화를 위한 기본 단어

- 왕복표⇨〔영〕round-trip ticket(라운드 트립 티켓). 〔독〕die Rückfahrkarte (디 뤼크파르카르테). 〔불〕le billet d'aller et retour(르 비예 달레 에 러뚜르). 〔일〕往復切符(오오후꾸깃부). 〔중〕往返車票(왕판처빠오)
- 시간표⇨〔영〕timetable(타임테이블). 〔독〕der Fahrplan(데어 파르플란). 〔불〕l'horaire(로레르). 〔일〕時刻表(지고꾸효오). 〔중〕時間表(시젠빠오)

92. 계산을 부탁합니다.

아이원트 투 세틀 마이 어카운트

영 : I want to settle my account.

마이네 레흐눙 비테

독 : Meine Rechnung, bitte.

즈 데지르 레글레르 라 노뜨

불 : Je desire regler la note.

가이께이오 네가 이 마 스

일 : 会計を願います.

칭니쏸짱빠

중 : 請你算帳吧.

◇ 회화를 위한 기본 단어

- 입구⇨〔영〕entrancg(엔트런스). 〔독〕der Eingang(데어 아인강). 〔불〕l'entree(랑뜨레). 〔일〕入口(이리구찌). 〔중〕入口(루코우)
- 출구⇨〔영〕exit(에그지트). 〔독〕der Ausgang(데어 아우스강). 〔불〕la sortie(라소르띠). 〔일〕出口(데구찌). 〔중〕出口(추코우)

93. 방을 바꾸고 싶습니다.

아이드 라이크 투 체인지 마이 룸
영 : I'd like to change my room.

이히 뫼히테 마인 찌머르
독 : Ich möchte mein Zimmer
베크셀른
wechseln.

즈 부드레 샹제 드 샹
불 : Je voudrais changer de cha
브르
mbre.

헤 야 오 가 에 따 이
일 : 部屋を変えたい.

워야오환거팡젠
중 : 我要换个房間.

◇회화를 위한 기본 단어

● 커피⇨〔영〕coffee(커피), 〔독〕der Kaffee(데어 카페). 〔불〕le cafe(르 까페). 〔일〕コーヒー(고히). 〔중〕咖啡(카페이)

94. 보이를 불러 주세요.

플리즈 콜 어 룸 보이
영 : Please call a room boy.

루펜 지 비테 아이넨 보이
독 : Rufen Sie bitte einen Boy.

아쁠레 욍 가르꽁 실 부
불 : Appelez un garçon, s'il vous

쁠레 보또네스
plaît botones.

보 이 오 욘 데 구다 사 이
일 : ボーイを呼んで下さい.

칭자오이거차팡라이
중 : 請叫一个茶房来.

◇회화를 위한 기본 단어

● 독방⇨〔영〕single room(싱글 룸). 〔독〕das Einzelzimmer(다스 아인젤찌머). 〔불〕la chambre à un lit(라 샹브르 아 욍 리). 〔일〕一人部屋(히도리베야). 〔중〕單人用房間(딴런융팡젠)

95. 들어 오세요.

컴　　　인
영 : Come in.

헤라인
독 : Herein.

앙뜨레
불 : Entrez.

오 하 이 리 나 사 이
일 : おはいりなさい.

찐라이빠
중 : 進来吧.

◇회화를 위한 기본 단어

- 이번달⇨〔영〕this month(디스 먼스). 〔독〕diesen Monat(디젠 모나트). 〔불〕ce mois-ci(스 모와 시). 〔일〕今月 (공게쓰). 〔중〕本月 (뻰웨)
- 지난달⇨〔영〕last month(라스트 먼스). 〔독〕letzten Monat(레츠텐 모나트). 〔불〕le mois dernier(르 모와 데르니에). 〔일〕先月 (셍게쓰). 〔중〕上月 (샹웨)

96. 저녁 식사는 언제 할 수 있읍니까?

훤 캔 아이해브 디너
영 : When can I have dinner?

반 칸 이히 쭈 아벤트
독 : Wann kann ich zu Abend
에센
essen?

아 께뢰르 뿌똥 디너
불 : A quelle heure peut-on dîner?

유우쇼꾸 와 이 쓰 도 레 마 스 까
일 : 夕食はいつとれますか.

찌뗀쭝카이완판너
중 : 几点鈡开晚飯呢?

◇회화를 위한 기본 단어

● 커피숍⇨〔영〕coffee shop(커피 숍). 〔독〕das Café(다스 카페). 〔불〕le café (르 까페). 〔일〕コーヒー・ショップ(고히 쇼뻐). 〔중〕咖啡店(카페이뗀)

97. 비상구는 어디입니까?

훼어　　이즈　더　　파이어　에그지트
영 : Where is the fire exit?

보　　이스트 데르　노트아우스강
독 : Wo ist der Notausgang?

우　　에　　라　소르띠　　드　스꾸르
불 : Où est la sortie de secours?

히조오 구찌 와 도 꼬 데 스 까
일 : 非常口はどこですか.

타이핑먼짜이나르
중 : 太平門在哪儿?

◇회화를 위한 기본 단어

● 손수건⇨〔영〕handkerchief(행커치프). 〔독〕das Taschentuch(다스 타셴투흐). 〔불〕le mouchoir(르 무시와르). 〔일〕ハンカチ(항가찌). 〔중〕手帕(쇼우파)

● 휴지⇨〔영〕face tissue(페이스 티슈). 〔독〕das Papiertaschentuch(다스 파피어 타셴투흐). 〔불〕le mouchoir de papier (르 무시와르 드 빠삐에). 〔일〕鼻紙(하나가미). 〔중〕草紙(차오찌)

98. 방을 더 따뜻하게〔시원 하게〕 해 주세요.

윌 유 플리즈 메이크 더

영 : Will you please make the

룸 워머 〔쿨러〕

room warmer 〔cooler〕?

뷔르덴 지 비테 다스 찌머

독 : Würden Sie bitte das Zimm

르 배르머르 〔뀔러르〕 마헨

er wärmer 〔kühler〕machen.

뿌리에 부 쇼페 〔라

불 : Pourriez-vous chauffer 〔ra-

프레시르〕 세뜨 샹브르

fraichir〕 cette chambre .

헤 야 오 못 도아다다까 꾸 〔스즈 시 꾸〕

일 : 部屋をもっと暖かく〔涼しく〕

시 데 구다 사 이

して下さい.

칭니빠팡젠눙놘〔량콰이〕이
중 : 請你把房間弄暖〔涼快〕一
뗸빠
点吧.

◇회화를 위한 기본 단어

- 홍차⇨〔영〕black tea(블랙 티). 〔독〕der schwarze(데어 쉬바르쩨). 〔불〕le the noir(르 떼 놔르). 〔일〕紅茶(고오짜). 〔중〕紅茶(홍차)
- 우유⇨〔영〕milk(밀크). 〔독〕die Milch(디 밀히). 〔불〕le lau(르 레). 〔일〕ミルク(미루꾸). 〔중〕牛㚷(뉴나이)

99. 내일 아침 (여섯)시에 깨워 주세요.

플리즈 외이크 미 업 애트 (식스)
영 : Please wake me up at (6)
어클로크 투모로우
o'clock tomorrow.

베켄 지 미히 비테 모르
독 : Wecken Sie mich bitte mor-
겐 움 (제크스) 우르
gen um (6) Uhr.

레베이예 모와 아 (시스) 외르
불 : Reveillez-moi a (6) heure
드멩 실 부 쁠레
demain, s'il vous plaît.

묘오쪼우(로꾸) 지 니 오 꼬 시 데 구다 사 이
일 : 明朝(6)時に起こして下さい.

밍텐자오샹(류)뗸쭝자오워치라이빠
중 : 明天早上(六)点鈡叫我起来吧.

100. 아침식사를 방에 갖다 주세요.

플리 브링 마이 브레크퍼스트
영 : Please bring my breakfast
투 마이 룸
to my room.

브링겐 지 미르 비테 다스
독 : Bringen Sie mir bitte das
프뤼쉬튀크 마인 찌머르
Frühstück mein Zimmer.

아뽀르떼 르 쁘띠 데죄네
불 : Apportez le petit dejeuner
당 마 샹브르
dans ma chambre.

쪼오쇼꾸오 헤 야마데 못 데 기 데 구다
일 : 朝食を部屋まで持ってきて下
사 이
さい.

자오판깨이워나다오팡젠리라이빠
중 : 早飯給我拿到房間里来吧.

101. 이 편지를 항공〔배〕편으로 부쳐 주십시요.

플리즈 센드 디스 바이 에어

영 : Please send this by air

메일 〔시 메일〕

mail 〔sea mail〕.

쉬켄 지 다스 비테 미트

독 : Schicken Sie das bitte mit

루프트포스트 〔게뵌리히어르 포스트〕

Luftpost〔gewöhnlicher Post〕.

뿌리에 부 앙브와예 스시

불 : Pourriez-vous envover ceci

빠르 아비용 〔바퇴〕

par avion 〔bateau〕?

고 노 데가미 오 고오꾸우〔후나〕 빈 데 다 시

일 : この手紙を航空〔船〕便で出し

데 구다 사 이

て下さい.

　　　짜펑신께이워융쿵유〔촨〕찌샹
중 : 这封信給我用空邮〔船邮〕寄上

　　　빠
　　　吧.

◇회화를 위한 기본 단어

- 일층⇨〔영〕ground floor(그라운드 플로)〔독〕die Parterre(디 파르테르). 〔불〕le rez-de-chaussee(르레드쇼세). 〔일〕一階(잇가이). 〔중〕第一楼(띠이로우)
- 이층⇨〔영〕Second floor(세컨드 플로). 〔독〕der erste Stock(데어 에르스테 쉬토크). 〔불〕le premier etage(르 쁘레미에 에따즈). 〔일〕二階(니까이). 〔중〕第二楼(띠어르로우)

102. 이것을 다림질 해 주세요.

아이언 디즈 싱스
영 : Iron these things.

비테 뷔겔른 지 디제
독 : Bitte bügeln Sie diese

자헨
Sachen.

르빠세 세 제페 실
불 : Repassez ces effets, s'il

부 쁠레
vous plaît.

고 레 니 아 이 롱 오 가 께 데 구다 사 이
일 : これにアイロンをかけて下さい.

빠쩌젠이푸께이워원이원빠
중 : 把这件衣服給我熨一熨吧.

103. 이 근처의 좋은 식당을 가르쳐 주세요.

캔 유 레커멘드 어 굿
영 : Can you recommend a good

레스터런트 니어 히어
restaurant near here?

쾨넨 지 미르 아인 구테스
독 : Können Sie mir ein gutes

레스토란트 히어 인 데르 내에
Restaurant hier in der Nähe

엠프펠른
empfehlen?

뿌베 부 므 르꼬망데
불 : Pouvez-vous me recomman-

윙 본 레스또랑 쁘레
der un bon restaurant près

디시
d'ici?

고 노지까 꾸 노 요이 레 스 또 랑 오 오시
일 : この近くのよいレストランを教

에 데 구다 사 이
えて下さい.

칭니자오께이워쩌푸찐더이거하오
중 : 請你教給我这附近的一个好

더시탕
的食堂.

◇회화를 위한 기본 단어

● 엘리베이터⇨〔영〕elevator(엘리베이터). 〔독〕der Aufzug(데어 아우프쭈크). 〔불〕l'ascenseur(라상수르). 〔일〕エレベータ(에레베따). 〔중〕电梯(뗀티)

104. 이 집에서 잘하는 음식은 무엇입니까?

휘트 이즈 더 스페셜티 오브
영 : What is the specialty of

디스 레스터런트
this restaurant?

바스 이스트 디 쉬페찌알리태트 디제스
독 : Was ist die Speziaiität dieses

레스또란츠
Restaurants?

껠 레 르 쁠라 스뻬시알 드
불 : Quel est le plat spécial de

스 레스또랑
ce restaurant?

고 꼬 노 지 만 료오리 와 난 데 스 까
일 : ここの自慢料理は何ですか.

쩌시탕나쇼우더터뻬차이시셤머
중 : 这食堂拿手的特别菜是什么?

105. 저것과 같은 것을 주세요.

기브 미 더 세임 오더 애즈
영 : Give me the same order as
대트
that.

비테 게벤 지 미르 다스 글
독 : Bitte geben Sie mir das gl-
라이헤 바스 마인 나하 바르 하트
eiche was mein Nachbar hat.

세르베모와 르 멤 쁠라
불 : Servez-moi le même plat
꺼 슬뤼시
que celui-ci.

아 레 또오나 지 모 노 오 구다 사 이
일 : あれと同じものを下さい.

께이워이 껀나거이양더차이빠
중 : 給我一碗跟那个一样的菜吧.

106. 이 요리에 맞는 술을 주십시오.

브링 미 섬 와인 대트

영 : Bring me some wine that

윌 고우 웰 위드 디스 푸드

will go well with this food.

브링겐 지 미르 비테 아이넨

독 : Bringen Sie mir bitte einen

바인 데르 구트 쭈 디젬

Wein, der gut zu diesem

에센 파스트

Essen paßt.

아베 부 욍 벵 끼아예

불 : Avez-vous un vin quiaille

아베끄 스 쁠라

avec ce plat ?

고 노 료오리 니 아 우 와 잉 오 구다사 이

일 : この料理に合うワインを下さい.

께이워라이이뻬이뚜이쩌거차이허시더쭈
중 : 給我来一杯対这个菜合適的酒.

◇회화를 위한 기본 단어

- 딸기⇨〔영〕strawberry(스트로버리). 〔독〕die Erdbeere(디 에르트베레). 〔불〕la fraise(라 프레즈). 〔일〕いちご(이찌고). 〔중〕草莓(차오메이)
- 과일⇨〔영〕fruit(프루트). 〔독〕das Obst(다스 오프스트). 〔불〕les fruits(레 프뤼이). 〔일〕果物(구다모노). 〔중〕水果(쉬꿔)

107. 소금〔후추〕을 주세요.

메이 아이 해브 섭 솔트
영 : May I have some salt
〔페퍼〕 플리즈
〔pepper〕 please ?

잘쯔 〔프페퍼〕 비테
독 : Salz 〔Pfeffer〕, bitte.

즈 부드레 뒤 셀 〔쁘와브레〕
불 : Je voudrais du sel 〔poivre〕.

시오 〔고쇼우〕 오 구다 사 이
일 : 塩〔胡椒〕 を下さい.

께이워이세시옌〔후짜오〕
중 : 給我一些食鹽〔胡椒〕.

◇회화를 위한 기본 단어

● 화장품⇨〔영〕cosmetics(코즈메틱스). 〔독〕die kosmetischen Artikel(디 코스메티셴 아르티켈). 〔불〕le cosmetique (르 코스메띠끄). 〔일〕化粧品(게쇼우힝). 〔중〕化妝品(화짱핀)

108. 빵을 좀 더 주세요.

섭 모어 브레드 플리즈
영 : Some more bread please.

비테 노호 에트바스 브로트
독 : Bitte, noch etwas Brot.

앙꼬르 욍 뿌 드 뺑 실
불 : Encore un pen de pain, s'il

부 쁠레
vous plaît.

빵 오 모 오 스꼬시 구다 사 이
일 : パンをもう少し下さい.

짜이라이이뗸멘빠오빠
중 : 再来一点面包吧.

◇회화를 위한 기본 단어

● 밥⇨〔영〕boiled rice(보일드 라이스). 〔독〕der gekochte Reis(데어 게코호테 라이스). 〔불〕le riz bouilli(르 리 부유이). 〔일〕ご飯(고항). 〔중〕米飯(미판)

109. 이것은 내가 주문한 것이 아닙니다.

디스 이즈 나트 훠트 아이오더드
영 : This is not what I ordered.

다스 이스트 니히트 다스 이히
독 : Das ist nicht das, was ich

베쉬텔트 하베
bestellt habe.

스 네 빠 스 끄 제
불 : Ce n'est pas ce que J'ai

끄망데
commande.

고 레 와 와다시가 쭈 우몬 시 다 모 노 데 와
일 : これは私が注文したものでは

나 이
ない.

쩌뿌시워뗀더차이
중 : 这不是我点的菜.

110. 디저트로는 푸딩을 주세요.

아이원트 섭 푸딩 포
영 : I want some pudding for

디저트
dessert.

이히 뫼흐테 아이넨 푸딩
독 : Ich möchte einen Pudding

알스 나하티시
als Nachtisch.

즈 데지르 뒤 뿌딩 꼼
불 : Je desire du Pudding comm

데세르
dessert.

데 자 또 니 뿌 링 오 구다 사 이
일 : デザートにプリンを下さい.

찬호우더뗸신, 라이이거푸딩빠
중 : 餐后的点心, 来一个布丁吧.

111. 잘 먹었습니다. (식사 후의 인사)

댕큐 이트 워즈 딜리셔스
영 : Thank you. It was delicious.

당케 에스 하트 구트 게쉬
독 : Danke, es hat gut gesch

메크트
meckt.

메르시 세떼 델리시외
불 : Merci, c'etait delicieux.

고 찌 소 오 사 마
일 : ごちそうさま.

쩐하오치, 셰셰니
중 : 真好吃, 謝謝你.

◇회화를 위한 기본 단어

● 아침(식사)⇨〔영〕breakfast(브렉 퍼스트). 〔독〕das Frühstück(다스 프뤼쉬뤼크). 〔불〕le petit déjeuner(르 쁘띠 데죄네). 〔일〕朝食(쪼오쇼꾸). 〔중〕早餐(자오찬)

112. 이 계산서에 서비스료가 포함되어 있습니까?

더즈 더 빌 인클루드 더

영 : Does the bill include the

서비스 차지

service charge?

이스트 디 베디눙 인 데어

독 : Ist die Bedienung in der

레흐눙 아인게쉴로센

Rechnung eingeschlossen?

르 세르비스 에띨 꽁쁘리

불 : Le service est-il compris?

고 노 간조 오 니 사비이스 료오 와 후꾸 마

일 : この勘定にサービス料は含ま

레 데 이 마 스 까

れていますか.

쩌거짱 시샤오페이자이네이더마

중 : 这个帳是小費在内的嗎?

113. ～가는 기차는 어느 역에 서 떠납니까?

휘트 스테이션 더즈 더 트레인
영 : What station does the train

포 ～ 리브 프롬
for ～leave from?

폰 벨헴 반호프 푀르트
독 : Von welchem Bahnhof fährt

데어 쭈크 나하 ～ 아프
der Zug nach ～ ab?

껠 레 라 가르 두
불 : Quelle est le gare d'ou

빠르 르 뜨렝 뿌르
part le train pour～?

～유 끼 노 기 샤 와 나니에끼 까 라 데 마
일 : ～行きの汽車は何駅から出ま

스 까
すか.

다오~취더훠처시충선머짠추
중 : 到~去的火車是從什 公站出

파더
发的?

◇회화를 위한 기본 단어

- 점심(식사)⇨〔영〕lunch(런치). 〔독〕das Mittagessen(다스 미타크에센). 〔불〕le déjeuner(르 데죄네). 〔일〕昼食(쭈우쇼꾸). 〔중〕午餐(우찬)
- 저녁(식사)⇨〔영〕supper(서퍼), dinner(디너). 〔독〕das Abendessen(다스 아벤트에센). 〔불〕le diner(르 디네). 〔일〕夕食(유우쇼꾸). 〔중〕晚餐(완찬)

114. 침대차가 붙어 있습니까?

더즈 디스 트레인 해브 어 슬리핑
영 : Does this train have a slee-
카
ping car?

하트 디저 쭈크 아이넨 쉴라
독 : Hat dieser Zug einen Schla-
프바겐
fwagen?

스 뜨렝 아띨 윙 바공리
불 : Ce train a-t-il un wagen lit?

신따이 샤 와 쓰 이 데 이 마 스 까
일 : 寝台車はついていますか.

유 워처마
중 : 有臥車嗎?

115. 이 표를 취소할 수 있읍니까?

캔 아이캔슬 디스 티켓
영 : Can I cancel this ticket?

칸 이히 디제 파르카르테
독 : Kann ich diese Fahrkarte

쭈뤼크게벤
zurükgeben?

뿌베 부 아뉠레 스
불 : Pouvez-vous annuler ce

비예
billet?

고 노 깃 부 오 도리게 세 마 스 까
일 : この切符を取消せますか.

넝뿌넝쮜샤오쩌짱처뺘오
중 : 能不能取消这張車票

116. 그것은 급행 열차입니까?

이즈 이트 앤 익스프레스
영 : Is it an express?

이스트 에스 아인 쉬넬쭈크
독 : Ist es ein Schnellzug?

에스 욍 에끄쁘레스
불 : Est-ce un express?

소 레 와 규우꼬오 렛 샤 데 스 까
일 : それは急行列車ですか.

나시콰이처마
중 : 那是快車嗎?

◇회화를 위한 기본 단어

- 올해(금년)⇨〔영〕this year(디스 이어). 〔독〕dieses Jahr(디제스 야르). 〔불〕cette annee(세뜨 아네). 〔일〕今年(고도시). 〔중〕今年(찐녠)
- 지난해⇨〔영〕last year(라스트 이어). 〔독〕letztes Jahr(레츠테스 야르). 〔불〕l'année dernière(라네 데르니에르). 〔일〕昨年(사꾸넨). 〔중〕去年(취녠)

117. 이 열차는 ~에 정거합니까?

더즈 디스 트레인 스톱 애트~
영 : Does this train stop at~?

핼트 디저 쭈크 인~
독 : Hält dieser Zug in ~?

스 뜨렝 사레뜨띨 아~
불 : Ce train s'arrete-t-il a~?

고 노 렛 샤 와~ 니 도마리마스까
일 : この列車は~に停まりますか.

쩌탕훠처자이~팅처마
중 : 这趟火车在~停車嗎?

118. 어디서 바꾸어 탑니까?

훼어 두 아이 해브 투
영 : Where do I have to

트랜스퍼
transfer?

보 무스 이히 움쉬타이겐
독 : Wo muß ich umsteigen?

우 드와 즈 샹제 드
불 : Où dois-je changer de

뜨렝
train?

도 꼬 데 노 리 가 에 루 노 데 스 까
일 : どこで乗り換えるのですか.

자이나르환처
중 : 在哪儿换車?

119. ~까지 얼마나 걸립니까?

하우 롱 더즈 이트 테이크 투
영: How long does it take to
고우 투
go to~?

비 랑게 다우에르트 디 라이제
독: Wie lange dauert die Reise
나하~
nach ~

꽁비앙 드 땅 포뗄
불: Combien de temps faut-il
뿌르 알레 아~
pour aller a ~?

~마 데 도 노 구 라 이 가 까 리 마 스 까
일: ~までどのくらいかかりますか.

다오~띠둬샤오시젠너
중: 到~得多少時間呢?

120. 식당차는 있읍니까?

더즈 디즈 트레인 해브 어
영 : Does this train have a
다이닝 카
dining car?

하트 디저 쭈크 아이넨 쉬파이
독 : Hat dieser Zug einen Spei-
제바겐
sewagen?

에 스 끄 스 뜨렝 아 욍
불 : Est-ce que ce train a un
바공 레스또랑
wagon-restaurant?

쇼꾸도오샤 와 쓰 이 데 이 마 스 까
일 : 食堂車はついていますか.

요유찬처마
중 : 有餐車嗎?

121. 지금 어디를 지나고 있읍니까?

훼어 아 위 패싱 나우
영 : Where are we passing now?

보 진트 비르 예쯔트
독 : Wo sind wir jetzt?

우 솜 누 멩뜨
불 : Ou sommes-nous mainte-

낭
nant?

이마 도 꼬 오 하싯 데이 마 스 까
일 : 今どこを走っていますか.

센자이다오러선머띠팡너
중 : 現在到了什么地方呢?

◇회화를 위한 기본 단어

- 영수증⇨〔영〕bill(빌). 〔독〕die Rechnung (디 레흐눙). 〔불〕la note(라 노뜨). 〔일〕勘定書(간조오가끼). 〔중〕帳單(짱딴)

122. 담배를 피워도 좋습니까 ?

메이　아이　스모우크
영 : May I smoke ?

다르프　이히　히르　라우헨
독 : Darf ich hier rauchen ?

쀠이즈　퓌메
불 : Puis-je fumer ?

다바꼬오　숫　데모이이데스까
일 : 煙草をすってもいいですか.

커이초우옌마
중 : 可以抽烟嗎 ?

123. 다음 정거장은 어디입니까?

휘트 이즈 더 넥스트 스테이션
영 : What is the next station ?

비 하이스트 데르 내크스트
독 : Wie heißt der nachste

반호프
Bahnhof ?

껠 레 라 가르 쉬이방뜨
불 : Quelle est la gare suivante ?

쓰기 노 데이샤 에끼 와 도 꼬 데 스 까
일 : 次の停車駅はどこですか.

샤짠시션머띠팡너
중 : 下站是什么地方呢?

◇회화를 위한 기본 단어

● 이번주(금주)⇨〔영〕this week(디스 위크). 〔독〕diese Woche(디제 보헤).〔불〕cette semaine(세뜨 스멘). 〔일〕今週(곤슈우). 〔중〕这星期(쩌싱치)

124. 표를 잃었읍니다. 어떻게 하면 좋습니까?

아이 해브 로스트 마이 티켓 휫
영 : I have lost my ticket. What
셜 아이두
shall I do?

이히 하베 마이네 파르카르테
독 : Ich habe meine Fahrkarte
페를로렌 바스 무스 이히
verloren. Was muß ich
예쯔트 툰
jetzt tun?

제 뻬르뒤 몽 비예
불 : J'ai perdu mon billet.
꼬망 페르
Comment faire?

깃 부 오 나 꾸 시 마 시 다 도 오 스 레
일 : 切符をなくしましたどうすれ

바 요 이　데　쇼 오
ばよいでしょう.

워뜌러처뺘오 전머빤하오너
중 : 我丢了车票怎么辦好呢 ?

◇회화를 위한 기본 단어

● 시내버스⇨〔영〕city bus(시티 버스). 〔독〕der städtische Omn ibus(데어 쉬태티세 옴니부스). 〔불〕l'autobus de la ville(로또뷔스 드 라 빌). 〔일〕市内バス(시나이 바스). 〔중〕市内公共汽車(시네이꿍꿍치처)

125. 택시 타는 곳은 어디입니까?

훼어 이즈 더 택시 스탠드
영 : Where is the taxi stand?

보 이스트 데르 타크시쉬탄트
독 : Wo ist der Taxistand?

우 에 라 스따시용 드 따끄시
불 : Ou est la station de taxis?

다 꾸 시 노리바 와 도 꼬 데 스 까
일 : タクシー乗場はどこですか.

추쭈치처짠자이나르
중 : 出租汽车站在哪儿?

◇회화를 위한 기본 단어

● 시외 버스⇨〔영〕trolley bus(트롤리 버스). 〔독〕der Oberleitung somnibus (데어 오베를라이퉁솜니부스). 〔불〕le trolleybus(르 뜨를레뷔스). 〔일〕トロリーバス(도로리 바스). 〔중〕无軌电車(우꿰이뗀처)

126. 택시를 불러 주세요.

콜 어 택시 플리즈

영 : Call a taxi, please.

루펜 지 아인 타크시 비테

독 : Rufen Sie ein Taxi, bitte.

아쁠레 모와 윙 따끄시 실

불 : Appelez-moi un taxi, s'il

부 쁠레

vous plaît.

다 꾸 시 오 욘 데 구다 사 이

일 : タクシーを呼んで下さい.

칭자오이량추쭈치처빠

중 : 請叫一換出租汽車吧.

◇회화를 위한 기본 단어

- 시청⇨〔영〕city hall(시티 홀). 〔독〕das Rathaus(다스 라트하우스). 〔불〕la mairie(라 메리). 〔일〕市庁舎(시쪼우샤). 〔중〕市政庁(시쩡팅)

127. ～까지 얼마입니까？

어바우트　하우　머치　이즈더　페어

영：About how much is the fare

투 ～

to～？

비필　코스태트　에스 운　게패르

독：Wieviei kostet es un gefähr

비스 ～

bis～？

껠　레　르　쁘리　드　라　꾸르스

불：Quel est le prix de la cour-

쥐스까　～

se jusqu'a～？

～마 데 이꾸 라 데 유 끼 마 스 까

일：～まで幾らで行きますか.

다오～야오뭐샤오첸너

중：到～要多少銭呢？

128. 여기서 잠깐 기다려 주세요.

플리즈 웨이트 어 모우멘트 포

영 : Please wait a moment for

미 히어

me here.

비테 바르텐 지 히어 아이넨

독 : Bitte warten Sie hier einen

아우겐블리크 아우프 미히

Augenblick auf mich

아땅데 모아 이시 윙 엥스땅

불 : Attendez-moi ici un instant,

실 부 쁠레

S'il vous plaît.

고 꼬 데 쫏 도 맛 데 이 데 구다

일 : ここでちょっと待っていて下

사 이

さい.

칭자이쩌르떵이휘르빠

중 : 請在这儿等一会儿吧.

129. 똑바로 가세요.

고우 스트레이트 온 플리즈

영 : Go straight on please.

게라데아우스 비테

독 : Geradeaus, bitte.

알레 뚜 드뢰

불 : Allez tout droit.

맛 스 구 니 잇 데 구다 사 이

일 : まっすぐに行って下さい.

이찌취빠

중 : 一直去吧.

◇회화를 위한 기본 단어

- 식물원⇨〔영〕botanical gardens (버태니컬 가든즈). 〔독〕der botanische Garten(데어 보따니셰 가르텐). 〔불〕le jardin botanique(르 자르뎅 보따니끄). 〔일〕植物園(쇼꾸부쓰엥). 〔중〕植物园(찌우완)

130. 다음 모퉁이에서 오른 쪽으로 돌아 가세요.

턴 투 더 라이트 〔레프트〕 애트
영 : Turn to the right〔left〕 at
더 넥스트 코너
the next corner

안 데르 내호스텐 에케 비테
독 : An der nächsten Ecke bitte
레호츠 〔링크스〕 아인비겐
rechts 〔links〕 einbiegen.

뚜르네 아 드로와뜨 〔고시〕
불 : Tournez à droite 〔gauche〕
오 끄윙 쉬이방
au coin suivant.

쓰기노 가도오 미기〔히다리〕에 마 갓 데 구다사 이
일 : 次の角を右〔左〕へ曲がって下さい.

자이샤이거자오왕유〔왕쭤〕파이와르빠
중 : 在下一个角往右(往左〕拐弯儿吧.

131. 여기서 세워 주세요.

스톱 히어 플리즈
영 : Stop here, please.

할텐 지 비테 히어
독 : Halten Sie bitte hier.

아레떼 지시 실 부 쁠레
불 : Arrêtez ici, s'il vous plaît.

고 꼬 데 도 메 데 구다 사 이
일 : ここで止めて下さい.

자이쩌르팅처빠
중 : 在这儿停车吧.

132. 얼마죠. (값을 물을 때)

휘트 이즈 더 페어
영 : What is the fare?

비필 무스 이히 베짤렌
독 : Wieviel muß ich bezahlen?

껠 레 르 쁘리 드 라
불 : Quel est le prix de la

꾸르스
course?

이꾸라 데 스 까
일 : 幾らですか.

뛰샤오첸너
중 : 多少銭吧?

◇회화를 위한 기본 단어

● 광장⇨〔영〕public square(퍼블릭스퀘어)〔독〕der öffentliche Platz(데어 외펜틀리헤 플라츠). 〔불〕la place, le square(라 쁠라스 르 스까르). 〔일〕広場(히로바). 〔중〕広場(광창)

133. 잔돈은 그만 두세요.

키프 더 체인지
영 : keep the change.

베할텐 지 덴 레스트
독 : Behalten Sie den Rest.

가르데 라 쁘띠뜨 모네
불 : Gardez la petite monnaie.

쯔 리 셍 와 돗 도 이 데 구다 사 이
일 : つり銭はとっといて下さい.

니류쩌짜오더첸빠꿍꿍치처
중 : 你留着找的銭吧公.

◇회화를 위한 기본 단어

- 다음달⇨〔영〕next month(넥스트 먼스).
  〔독〕nächsten Monat(네크스텐 모나트).
  〔불〕le mois prochain(르 모와 쁘로셍).
  〔일〕來月(라이게쓰). 〔중〕下月(샤웨)
- 다음해⇨〔영〕next year(넥스트 이어).
  〔독〕nächstes Jahr(네크스테스 야르).
  〔불〕l'annee prochaine(라네 쁘로센).
  〔일〕來年(라이넨). 〔중〕明年(밍넨)

134. 요금표를 보여 주세요.

쇼우 미 어 리스트 오브 유어 레이츠
영 : Show me a list of your rates.

짜이겐 지 미르 비테 이레 프라이슬리스트
독 : Zeigen Sie mir bitte Ihre Preisliste.

몽뜨레 모와 윈 리스뜨 데 쁘리 드 로까시옹
불 : Montrez-moi une liste des prix de location.

료오낑 효우 오 미 세 데 구다 사 이
일 : 料金表を見せて下さい.

께이워칸칸페이빠오
중 : 給我看看租費表.

135. 사고 때의 연락처를 가르쳐 주세요.

기브 미 섬 플레이시스 투 콜
영 : Give me some places to Call

인 케이스 오브 트러블
in case of trouble.

게벤 지 미르 비테 아이니게
독 : Geben Sie mir bitte einige

아드레센 디 이히 안루펜
Adressen, die ich anrufen

칸 벤 에트바스 파시르트
kann, wenn etwas passiert.

디뜨 모와 우 저 부 러뜨루브
불 : Dites-moi ou je vous retr-

앙 까 드 버줭
ouve en cas de besoin.

지 꼬 노 바아이 노 렌라사끼 오 오시에 데
일 : 事故の場合の連絡先を教えて

구다 사 이
下さい.

가오수워이거파셩시꾸 시호우더
중 : 告訴我一个发生事故 时候的

롄뤄띠찌
连絡地址.

◇회화를 위한 기본 단어

● 버스 터미널⇨〔영〕bus terminal(버스 터미널). 〔독〕der Busbahnhof(데어 부스 반호프). 〔불〕le terminus des autobus(르 떼르미뉘스 데 아우또뷔스). 〔일〕バス・ターミナル(바스 다미나루).〔중〕公共汽車的終点站(꿍꿍치처더쭝뗀짠)

136. 이것이 내 국제 운전 면허증입니다.

디스 이즈 마이 인터내셔널 드라이빙 라이센스

영 : This is my International Driver's License.

다스 이스트 마인 인터 나찌오날러 퓌러샤인

독 : Das ist mein inter nationaler Führerschein.

세 몽 빼르미 드 꽁뒤르 앵떼르나시오날

불 : C'est mon permis de conduire international.

고 레 가 와다시노 고꾸 사이 운 뗀 멩 교 쇼 우 데 스

일 : これが私の國際運転免許証です.

쩌 시 워 더 꿔 찌 자 시 찌 짜 오

중 : 这是我的國際免許證

137. 내일 아침 ~호텔까지 차를 보내 주세요.

플리즈 샌드 어 카 투 더 ~
영 : Please send a car to the ~

호텔 투모로우 모닝
Hotel tomorrow morning.

비테 시켄 지 모르겐
독 : Bitte, schicken Sie morgen

프뤼 아이넨 바겐 쭘 ~
früh einen Wagen zum ~

호텔
Hotel.

페뜨 브니르 윈 브와뛰르 아
불 : Faites venir une voiture a

로뗄 더멩 마땅 실
l'hôtel ~ demain matin. s'il

부 쁠레
vous plaît.

묘오쪼우~ 호 떼 루 마 데구루마오 마와 시
일: 明朝~ホテルまで車を 廻し

데 구다 사 이
て下さい.

밍텐자오샹, 빠치처께이워짜오다오
중: 明天早上, 把汽车 給我叫到

판텐취빠
飯店去吧.

138. 미안합니다만 ~로 가는 길을 가르쳐 주세요.

플리즈 텔 미 더 웨이 투
영 : Please tell me the way to~.

비테 짜이겐 지 미르 덴 베크
독 : Bitte zeigen Sie mir den Weg
나하~
nach~.

빠르동 껠 레 르 셔멩
불 : Pardon, quel est le chemin
뿌르~
pour~?

스 미 마 셍 가~ 에 유 꾸미찌오 오시
일 : すみませんが~ へ行く道を教
에 데 구다 사 이
えて下さい.

칭원, 다오~전머조우하오너
중 : 請問, 到~怎么走好呢?

139. 이 근처에 우체국이 있읍니까?

이즈 데어 어 포스트 오피스 니어 히어
영 : Is there a post office near here?

이스트 아인 포스트암트 히어 인 데어 내에
독 : Ist ein Postamt hier in der Nahe?

에스낄리아 윙 뷔로 드 뽀스뜨 쁘레 디시
불 : Est-ce qu'il ya un bureau de poste pres dici?

고 노 지까꾸니 유우빙교꾸 가 아 리 마 즈 까
일 : この近くに郵便局がありますか.

쩌푸찐유유쥐마
중 : 这附近有邮局嗎?

140. ～호텔은 여기서 멉니까?

이즈 더 ～ 호텔 파 프롬

영 : Is the ～ Hotel far from

히어

here?

이스트 다스 호텔 ～바이트 폰 히어

독 : Ist das Hotel～weit von hier?

에 스 끄 로뗄 ～ 에 르윙

불 : Est-ce que l'hôtel ～est loin

디시

d'ici?

～호 떼 루 와 고 꼬 까 라 도오이 데 스 까

일 : ～ホテルはここから遠いですか

～판뗀충쩌르완뿌완

중 : ～飯店從这儿远不远?

◇회화를 위한 기본 단어

● 버터⇨〔영〕butter(버터). 〔독〕die Butter (디 부터). 〔불〕le beurre(르 부르). 〔일〕バター(바다). 〔중〕黄油(황유)

141. 여기는 어디입니까?

웨어 아 위 나우
영 : Where are we now?

보 신트 비르 예츠트
독 : Wo sind wir jetzt ?

껠 레 세 땅드르와 이시
불 : Quel est cet endroit ici?

고 꼬 와 도 꼬 데 스 까
일 : ここはどこですか.

쩌리시션머띠팡너
중 : 这里是什么地方呢?

◇회화를 위한 기본 단어

- 포도⇨〔영〕grapes(그레이프스). 〔독〕die Traube(디 트라우베). 〔불〕le raisin(르 레젱). 〔일〕ぶどう(부도오). 〔중〕葡萄(푸타오)
- 만년필⇨〔영〕fountain pen(파운틴 펜). 〔독〕der Füller(데어 퓔러). 〔불〕le stylo(르 스띨로). 〔일〕万年筆(만넨히쓰) 〔중〕自來水笔(쯔라이쉬삐)

142. 이 길은 뭐라고 합니까?

휘트 이즈 디스 스트리트
영 : What is this street?

비 하이스트 디제 쉬트라세
독 : Wie heißt diese Straße?

껠 레 세뜨 루뜨
불 : Qullee est cette route?

고 노 도오리 와 난 또 이 이 마 스 까
일 : この通りは何といいますか.

쩌 따오루짜오 선머 너
중 : 这条路叫什么呢.

◇회화를 위한 기본 단어

- 공원⇨〔영〕park(파크). 〔독〕der Park(데어 파르크). 〔불〕le parc(르 빠르끄)〔일〕公園(고우엥). 〔중〕公园(꿍완)
- 영화관⇨〔영〕movie theater(무비 시어티). 〔독〕das Kino(다스 키노). 〔불〕le cinema(르 시네마). 〔일〕映画館(에이가깡). 〔중〕电影院(뗀잉완)

143. 저 건물은 무엇입니까?

휘트　　이즈 대트　빌딩
영 : What is that building?

바스　　이스트 다스　퓌르　아인
독 : Was ist das für ein

게보이데
Gebaude?

껠　　레　　스　바띠망
불 : Quel est ce bâtiment?

아 노 다데모노 와 난 데 스 까
일 : あの建物は何ですか.

나거팡우(=젠쭈우)시선 머
중 : 那个房屋(=建筑物)是什么

너
呢?

◇회화를 위한 기본 단어

● 수프⇨〔영〕soup(수푸). 〔독〕die Suppe (디 수페). 〔불〕la soupe(라 수쁘). 〔일〕スープ(수뿌). 〔중〕湯(탕)

144. 관광 장소를 가르쳐 주세요.

플리즈 텔 미 섬 플레이시스

영 : Please tell me some places

오브 인터레스트 히어

of interest here.

네넨 지 미르 비테 아이니게

독 : Nennen Sie mir bitte einige

제엔스뷔르디히카이텐 히어

Sehenswürdigkeiten hier.

블레 부 므 디르 껠

불 : Voulez-vous me dire quels

송 레 장드르와 엥떼레상

sont les endro its interess-

빠르 이시

ants par ici ?

강 꼬 우 쇼 오 시 오 오시 에 데 구다 사 이

일 : 観光箇所を教えて下さい.

칭니가오수워이세꽌꽝더띠팡

중 : 請你告訴我一些觀光的地方.

145. 나는(세)시간 여유가 있습니다.

아이해브 (트리) 아우어즈 프리 타임
영 : I have (3) hours free time.

이히 하베 (드라이) 쉬툰텐 프라이
독 : Ich habe(3) Stunden frei.

제 (뜨로와) 외르 리브르
불 : J'ai (3) heures libres.

와다시와 (산) 지 간 요유우 가 아 리 마 스
일 : 私は(3)時間余裕があります.

워유(산)거쭝토우더꿍푸
중 : 我有〔三〕个鈡頭的工夫.

◇회화를 위한 기본 단어

- 호수⇨〔영〕lake(레이크). 〔독〕der See(데어 제에). 〔불〕le lac(르 라끄). 〔일〕湖(미즈우미). 〔중〕湖(후)
- 온천⇨〔영〕hot spring(핫 스프링). 〔독〕die Thermalquelle(디 테르말크벨레). 〔불〕la source thermale(라 수르스 떼르말). 〔일〕温泉(온셍). 〔중〕温泉(원촨)

146. 어떤 순서로 돌아 보는 것이 좋습니까?

캔 유 텔 미 더 베스트
영 : Can you tell me the best
사이트시잉 루트 투 테이크
sightseeing route to take?

쾨넨 지 미르 디 베스테
독 : Können Sie mir die beste
베지히티궁스투어 안게벤
Besichtigungstour angeben?

껠 레 라 메이 유르 엑
불 : Quelle est la meil leure ex-
뀌르시옹 아 페르
cursion a faire?

돈나 준조 데마와루 노가 이찌반 요
일 : どんな順序で廻るのが一番よ
이데스까
いですか.

안젠양더쉰쉬유란쮀하오너
중 : 按怎样的順序遊覽最好呢?

147. 영어 안내서를 얻을 수 있읍니까?

캔 아이해브 언 잉글리시 가이
영 : Can I have an English gui-
드북
debook?

칸 이히 아이넨 라이제퓌러 아우프
독 : Kann ich einen Reise auf
엥글리쉬 하벤
Englisch haben?

쀠이즈 아브와르 욍 기드 앙
불 : Puis-je avoir un guide en
앙글레
anglais?

에이고 노 안나이쇼 오 모라에 마 스 까
일 : 英語の案内書を貰えますか.

니께이워이번잉원더뤼 싱찌난
중 : 你給我一本英文的旅行指南
슈하오뿌하오
半好不好?

148. 일본말을 하는 안내원을 부탁하고 싶읍니다.

아이원트 어 〔재퍼니즈〕 스피킹
영 : I want a 〔Japanese〕spaking
가이드
guide.

이히 뫼흐테 아이넨 퓌러 하벤
독 : Ich möchte einen Führer ha-
데어 (야파니쉬) 쉬프리히트
ben, der (Japanisch) spricht.

즈 데지르 윙 기드 빠를랑
불 : Je désire un guide parlant
(자뽀네)
(japonais).

(나뽕고) 노 하나 세 루 가 이 도 오 다노
일 : (日本語)の話せるガイドを頼
미 다 이
みたい.

워야오칭이거훼쉬리번화더샹다오
중 : 我要請一个会説日本話的向導.

149. 하루 얼마입니까?

휘트 이즈 더 피 퍼 데이
영 : What is the fee per day?

비필 코스테트 에스 프로 타크
독 : Wieviel kostet es pro Tag?

껠 레 르 따리프 빠르 주르
불 : Quel est le tarif par jour?

이찌니찌이꾸라 데 스 까
일 : 一日幾らですか.

뚸샤오첸이텐
중 : 多少銭一天?

◇회화를 위한 기본 단어

- 카바레⇨〔영〕cabaret(캐버레이트). 〔독〕das Kabarett(다스 카바레트). 〔불〕le cabaret(르 까바레). 〔일〕キャバレー(갸바레). 〔중〕酒家(쭈짜)
- 맥주홀⇨〔영〕beer hall(비어 홀). 〔독〕die Pierhalle(디 비르할레). 〔불〕la brasserie(라 브라스리). 〔일〕ビヤホール(비야호루). 〔중〕啤酒館子(피쭈꽌즈)

150. 시내 관광 버스〔대절〕는 있읍니까?

아 데어 에니 시티 사이트
영 : Are there any city sight-

시잉 버시즈〔카즈 포 히어〕
seeing buses〔cars for hire〕?

기프트 에스 부세 〔미트바겐〕,
독 : Gibt es Busse〔Mietwagen〕,

디 베지히티 궁스파르텐
die Besichti gungsfahrten

에스 낄 리 야 데 조또뷔스
불 : Est-ce qu'il ya des autobus

덱스뀌르시옹 〔브와뛰르 드
d'excursion 〔voitures de

르와지〕
louage〕?

시나이강꼬우 바 스 〔하 이 야〕 와 아
일 : 市内観光バス〔ハイヤー〕はあ

리 마 스 까
りますか.

쩌리유메이유시네이꽌꽝 꿍꿍치
중 : 这里有没有市内观光公共汽

처 (빠오쭈치처) 너
車〔包租汽車〕呢?

◇회화를 위한 기본 단어

● 그림엽서⇨〔영〕picture postcard(픽처포우스트카드). 〔독〕die Ansichtskarte(디안지히츠카르테). 〔불〕la carté postale illustrée(라 까르떼 뽀스딸 일뤼스뜨레)〔일〕絵はがき(에와가끼). 〔중〕美术明信片(메이슈밍신폔)

● 촬영 금지⇨〔영〕NO PHOTOGRAPHING(노우 포오토그래핑). 〔독〕FOTOGRAFIEREN VERBO TEN(포토그라피렌 페어보 텐). 〔불〕DEFENSE DE PHOTOGRAPHIER(데팡스 드 포또그라피에). 〔일〕撮影禁止(사쓰에이긴시). 〔중〕禁止撮影(찐찌셔잉)

● 정원⇨〔영〕garden(가든). 〔독〕der Garten(데어 가르텐). 〔불〕le jardin (르 자르뎅). 〔일〕庭園(데이엥). 〔중〕庭园(팅완)

151. 어디를 돕니까? (버스 노선)

휘트 캔 아이시 온 디스
영 : What can I see on this
투어
tour?

바스 칸 이히 아우프 디저
독 : Was kann ich auf dieser
룬트파르트 제엔
Rundfahrt sehen?

께 스 끄 즈 쁘외 브와르
불 : Quest-ce que je peux voir
아베끄 스 시르뀌이
avec ce circuit?

도 꼬 오 마와 루 노 데 스 까
일 : どこを廻るのですか.

쪼우유이세션머띠팡너
중 : 周游一些什么地方呢?

152. 몇 시간 걸립니까?

하우 롱 더즈 더 투어
영 : How long does the tour
테이크
take?

비 랑게 다우에르트 디제
독 : Wie lange dauert diese
룬트파르트
Rundfahrt?

꽁비앙 드 땅 포띨
불 : Combien de temps faut-il
뿌르 페르 스 시르뀌이
pour faire ce circuit?

난 지 깡 가 까 리 마 스 까
일 : 何時間かかりますか.

띠찌거쭝토우이쪼우
중 : 得几个鈡周一周?

153. 몇 시 발 입니까?

휀 더즈 이트스타트

영 : When does it start?

반 베긴트 지

독 : Wann beginnt sie?

아 껠 뢰르 에 르 데빠르

불 : A quelle heure est le départ

뒤 시르뀌이

du circuit?

난 지 하쓰 데 스 까

일 : 何時発ですか.

찌뗀쭝추파너

중 : 几点鈡出发呢?

◇회화를 위한 기본 단어

● 동상⇨〔영〕statue(스태튜). 〔독〕die Statue(디 쉬타투에). 〔불〕la statue(라스따뛰). 〔일〕彫像(쪼우조우). 〔중〕雕象(따오샹)

154. 어디로 나갑니까?

훼어 더즈 이트 스타트
영 : Where does it start?

보 페르트 에어 아프
독 : Wo fährt er ab?

우 꼬망스 스 시르뀌이
불 : Ou commence ce circuit?

도 꼬 까 라 데 마 스 까
일 : どこから出ますか.

충나르추파
중 : 從哪儿出发?

◇회화를 위한 기본 단어

- 핸드백⇨〔영〕hadbag(핸드백). 〔독〕die Handtasche(디 한트타세). 〔불〕le sac a main(르 사끄 아 멩). 〔일〕ハンドバック(한도바꾸). 〔중〕手提包(쇼우티빠오)
- 육지⇨〔영〕land(랜드). 〔독〕das Land(다스 란트). 〔불〕la terre(라 떼르). 〔일〕陸(리꾸). 〔중〕陸地(루띠)

155. 저것은 무엇입니까?

휘트 이즈 대트
영 : What is that?

바스 이스트 다스
독 : Was ist das?

께 스 끄 세 끄 사
불 : Qu'est-ce que c'est que ca?

아 레 와 난 데 스 까
일 : あれは何ですか.

나시션머
중 : 那是什么?

156. 어느 때 것입니까?

하우 올드 이즈 이트
영 : How old is it?

비 알트 이스트 에스
독 : Wie alt ist es?

드 껠 에뽀크 에 스
불 : De quelle epoque est-ce?

이 쓰 고로 노 모 노 데 스 까
일 : いつ頃のものですか.

시션머시다이더너
중 : 是什么时代的呢?

◇회화를 위한 기본 단어

- 빗⇨〔영〕comb(코움). 〔독〕der Kamm (데어 캄). 〔불〕le peigne(르 뻬뉴). 〔일〕くし(구시). 〔중〕梳子(슈즈)
- 장갑⇨〔영〕gloves(글러브). 〔독〕die Handschuhe(디 한트슈에). 〔불〕les gants (레 강). 〔일〕手袋(데부꾸로). 〔중〕手套 (쇼우타오)

157. 오페라는 어디서 볼 수 있읍니까?

훼어 캔 아이시 언 오페라
영 : Where can I see an opera?

보 칸 이히 아이네 오페르
독 : Wo kann ich eine Oper

제엔
sehen?

우 쀠이즈 브와르 욍 오빼라
불 : Ou puis-je voir un opéra ?

오 뻬 라 와 도 꼬 데 미 라 레 마 스 까
일 : オペラ はどこで見られますか.

워먼자이나르칸더다오 꺼쮜 너
중 : 我問在哪儿看得到 歌剧 呢?

◇회화를 위한 기본 단어

● 지난주(전주)⇨〔영〕last week(라스트 위크). 〔독〕letzte Woche(레츠테 보헤). 〔불〕la semaine dernière(라 스멘 데르니에르). 〔일〕先週(센슈우). 〔중〕上星期(샹싱치)

158. 개막(종막)은 몇 시 입니까?

휘트 타임 더즈 더 퍼포
영 : What time does the perfor-
먼스 비긴 〔엔드〕
mance begin 〔end〕?

움 비필 우르 베긴트
독 : Um wieviel Uhr beginnt
〔엔데트〕 디 포어쉬텔룽
〔endet〕die Vorstellung?

아 껠 뢰르 라 르쁘레장
불 : A quelle heure la représen-
따시옹 꼬망스 〔피니〕 뗄
tation commence〔finit〕t-elle?

가이엥 (슈우엥) 와 난 지 데 스 까
일 : 開演〔終演〕は何時ですか.

찌뗀쭝카이옌 (옌완) 너
중 : 几点鈡开演(演完)呢?

159. 여기서 사진을 찍어도 좋습니까?

메이 아이테이크 픽처즈 히어
영 : May I take pictures here?

다르프 이히 히르 포토그라피렌
독 : Darf ich hier fotografieren?

뻬똥 쁘랑드르 데 포또 이시
불 : Peut-on prendre des photos ici?

고 꼬 데 샤 싱 오 돗 데 모 이 이 데 스 까
일 : ここで写真を撮ってもいいですか.

워자이쩌르커이짜오샹마
중 : 我在这儿可以照像嗎?

◇회화를 위한 기본 단어

● 흰색⇨〔영〕white(화이트). 〔독〕weiß(바이스). 〔불〕blanco(블랑꼬). 〔일〕白(시로). 〔중〕白色(빠이서)

160. 미안합니다만 셔터를 눌러 주시겠읍니까?

우드 유 마인드 프레싱
영 : Would you mind pressing

디스 셔터 포 미
this shutter for me?

뷔르덴 지 비테 퓌르 미히
독 : Würden Sie bitte für mich

덴 아슬뢰저크노프 드뤼켄
den Auslöserknopf drücken?

빠르동 뿌리에 부
불 : Pardon. pourriez - vous

쁘랑드르 라 포또
prendre la photo?

스 미 마 셍 가 샷 따 오 오
일 : すみませんがシャッターを押

시 데구다 사 이
して下さい.

칭니께이워안이안쩌거콰이먼빠
중 : 請你給我按一按这个快門吧.

161. 나하고 같이 찍으시겠읍니까?

우드 유 마인드 포우징 위드

영 : Would you mind posing with

미

me?

뷔르덴 지 지히 미트 미르

독 : Würden Sie sich mit mir

포토그라피렌 라센

fotografieren lassen?

부드리에 부 뽀제 아베끄

불 : Voudriez-vous poser avec-

모와

moi?

와다구시또 잇쇼 니 가 메 라 니 하잇 데구다

일 : 私と一緒にカメラに入って下

사 이

さい.

칭니껀워이콰이르짜오샹빠

중 : 請你跟我一块儿照像吧.

162. ～는 어디서 살 수 있읍니까?

훼어 캔 아이바이～
영 : Where can I buy～?

보 칸 이히 ～ 카우펜
독 : Wo kann ich ～ kaufen?

우 쀠이즈 아시떼～
불 : Où puis-je acheter～?

～와 도 꼬 데 가 에 마 스 까
일 : ～はどこで買えますか.

자이나리커이마이더다오
중 : ～在哪里可以買得到?

163. ~을 사고 싶어요.

아이원트 투 바이~
영 : I want to buy~.

이히 뫼흐테~ 카우펜
독 : Ich möchte~kaufen.

즈 데지르 아시떼~
불 : Je désire acheter~?

~오 가 이 따 이
일 : ~を買いたい.

워야오마이~
중 : 我要買~.

◇회화를 위한 기본 단어

- 복숭아⇨〔영〕peach(피치). 〔독〕der Pfirsch(데어 프피르지히). 〔불〕la pêche (라 뻬시). 〔일〕桃(모모). 〔중〕桃子(타오즈)
- 바나나⇨〔영〕banana(버나너). 〔독〕die Banane(디 바나네). 〔불〕la banane (라 바나느). 〔일〕バナナ(바나나). 〔중〕香蕉(샹자오)

164. 다른 것을 보여 주세요.

쇼우 미 어너더 원
영 : Show me another one.

비테 짜이겐 지 미르 에트바스
독 : Bitte zeigen Sie mir etwas

안데레스
anderes.

몽뜨레 망 아 노뜨르
불 : Montrez-m'en un autre.

호 까 노 오 미 세 데 구다 사 이
일 : ほかのを見せて下さい.

께이워칸칸삐더뚱시빠
중 : 給我看看別的東西吧.

◇회화를 위한 기본 단어

- 다음주(내주)⇨〔영〕next week(넥스트 위크). 〔독〕nächste Woche(네크스테 보헤). 〔불〕la semaine prochaine(라 스멘 쁘로센). 〔일〕來週(라이슈우). 〔중〕下星期(샤싱치)

165. 더 좋은 〔싼〕 것이 있읍니까?

쇼우 미 어 베터 〔치퍼〕 원
영 : Show me a better 〔cheaper〕 one?

짜이겐 지 미르 비테 에트바스 베세레스 〔빌리게레스〕
독 : Zeigen Sie mir bitte et was Besseres 〔Billigeres〕?

몽뜨레 모와 껠끄 쇼즈 드 미외 〔므왕 셰르〕
불 : Montrez-moi quelque chose de mieux 〔moins cher〕?

못 도 요 이 〔야수이〕 노 가 아 리 마 스 까
일 : もっとよい〔安い〕のがありますか.

유메이유하오〔삔이〕떼이어르더
중 : 有没有好〔便宜〕点儿的.

166. 이것을 사겠읍니다.

아이윌 테이크 디스
영 : I will take this.

이히 네메 디젠
독 : Ich nehme diesen.

즈 쁘랑드레 서시
불 : Je prendrai ceći.

고 레 오 모 라 오 우
일 : これをもらおう.

께이워쩌거빠
중 : 給我这个吧.

167. 비싸요. 깎을 수 없습니까?

대트 이즈 투 익스펜시브 캔트
영 : That is too expensive. Ca-

유 메이크 이트 치퍼
n't you make it cheaper?

다스 이스트 쭈 토이어 쾨넨
독 : Das ist zu teuer. Können

지 에스 니히트 빌리거 마헨
Sie es nicht billiger machen?

세 뜨로 셰르 뿌리에
불 : C'est trop cher. Pourriez-

부 베세 르 쁘리
vous baisserle prix?

다까 스 기 루, 마 까 리 마 셍 까
일 : 高すぎる. まかりませんか.

타이꿰이아넝뿌넝야오솬떼이어르
중 : 太貴啊, 能不能少算点儿.

168. 모두 얼마 입니까?

하우 머치 이즈대트 올터게더
영 : How much is that altogether?

비필 코스테트 다스 쭈자
독 : Wieviel kostet das zusam

멘
men?

꽁비앙 앙 뚜
불 : Combien en tout?

젠 부 데 이꾸라 데 스 까
일 : 全部で幾らですか.

이꿍뛰샤오첸너
중 : 一共多少錢呢?

◇회화를 위한 기본 단어

- 치솔⇨〔영〕toothbrush(투스브러시).〔독〕die Zahnbürste(디 짜안뷔르스테).〔불〕la brosse a dents(라 브로스 아 당).〔일〕歯ブラシ(하부라시). 〔중〕牙刷(야쏴)

169. 계산이 안 틀렸읍니까?

이즌트 데어 어 미스테이크 인
영 : Isn't there a mistake in
더 빌 윌 유 플리즈
the bill? Will you please
체크 이트
check it?

이스트 다 니히트 아인 페어제엔
독 : Ist da nicht ein Versehen
인 데 레흐눙 비테
in der Rechnung? Bitte
레흐넨 지 아인말 나하
rechnen Sie einmal nach.

니아 띨 빠 데뢰르
불 : N'y a-t-il pas d'erreur
당 라 팍뛰르
dans la facture?
블레 부 뻬리피에
Voulez-vous verifier?

게이상 카 찌갓 데이 마 셍 까 모 오
일 : 計算が違っていませんか, もう

이찌 도 다시까 메 데구다 사 이
一度確かめて下さい.

쩌거짱솬더뿌뚜이시뿌시
중 : 这个帳算得不对, 是不是?

칭짜이솬이휘빠
請再算一回吧.

◇회화를 위한 기본 단어

- 보석점⇨〔영〕jewelry shop(주얼러리 숍) 〔독〕der Juwelierladen(데어 주벨리를라덴). 〔불〕la bijouterie(라 비주뚜리). 〔일〕宝石店(호오세끼뗑). 〔중〕宝石店(빠오시뗀)
- 장난감 가게⇨〔영〕toy shop(토이 숍). 〔독〕der Spielzeugladen(데르 쉬필쪼이크라덴). 〔불〕la boutique de jouete (라 부띠끄 드 즈외). 〔일〕おもちゃ属(오모짜야). 〔중〕玩具店(완쥐뗀)
- 서점⇨〔영〕book store(북 스토어). 〔독〕die Buchhandlung(디 부흐한틀룽). 〔불〕la librairie(라 리브레리). 〔일〕本屋(혼야). 〔중〕書店(슈뗀)

170. 이것을 바꾸어 주시겠읍니까?

캔 아이해브 디스 체인지드
영 : Can I have this changed?

콴테 이히 다스 게엔데르트
독 : Könnte ich das geändert

하벤
haben?

뿌베 부 샹제 서시
불 : Pouvez-vous changer ceci?

고 레 오 도 리 까 에 데 구 레 마 스 까
일 : これを取りかえてくれますか.

께이워투이환쩌거뚱시, 하오뿌하오
중 : 給我退換这个東西, 好不好?

◇회화를 위한 기본 단어

● 치약⇨〔영〕toothpaste(투스페이스트). 〔독〕die Zahnpasta(디 짜안파스타). 〔불〕la pate dentifrice(라 빠뜨 당띠프리스). 〔일〕歯みがき(하미가끼). 〔중〕牙膏(야까오)

171. 이것과 같은 것이 있습니까?

두 유 해브 원 라이크 디스
영 : Do you have one like this?

하벤 지 아이넨 비 디젠
독 : Haben Sie einen wie diesen?

앙 나베 부 욍 빠레예
불 : En avez-vous un pareil?

고 레 또 오나 지모노가 아 리 마 스 까
일 : これと同じ物がありますか.

유메이유껀쩌거이양더뚱시너
중 : 有没有跟这个一样的東西呢?

172. 이 시계를 수리해 주세요.

플리즈 리페어 디스 워치
영 : Please repair this watch.

레빠리에렌 지 비테 디제 우르
독 : Reparieren Sie bitte diese Uhr.

뿌베 부 레빠레 세뜨 몽뜨르
불 : Pouvez-vous reparer cette montre ?

고 노 도께이 오 슈우리 시 데구다 사 이
일 : この時計を修理して下さい.

칭니슈리쩌거빠오빠
중 : 請你修理这个表吧.

◇회화를 위한 기본 단어

● 검은색⇨〔영〕black(블랙). 〔독〕schwarz(쉬바르쯔). 〔불〕noir(노와르). 〔일〕黒(구루). 〔중〕黑色(헤이서)

173. 구두를 닦아 주십시오.

플리즈 클린 마이 슈즈
영 : Please clean my shoes.

푸첸 지 비테 마이네
독 : Putzen Sie bitte meine

슈에
Schuhe.

네뜨와예 메 술리에 실
불 : Nettoyez mes souliers, s'il

부 쁠레
vous plâit.

구쓰오 미가이 데 구다 사 이
일 : 靴を磨いて下さい.

께이워차차쩌상세
중 : 給我擦擦这双鞋.

◇회화를 위한 기본 단어

- 빨강⇨〔영〕red(레드). 〔독〕rot(로뜨). 〔불〕rouge(루지). 〔일〕赤(아까). 〔중〕紅色(훙서)

174. 머리만 깎아 주세요.

어 헤어컷 오운리 플리즈
영 : A haircut only, Please.

하르쉬나이덴 비테
독 : Haarschneiden, bitte.

제 쉴망 브좡 드 므
불 : J'ai seulement besoin de me

페르 꾸베 레 셔뵈
faire couper les cheveux.

산빠쓰 다 께 시 데 구다 사 이
일 : 散髪だけして下さい.

찌께이워젠토우파쭈하오
중 : 只給我剪頭发就好.

◇회화를 위한 기본 단어

● 한국⇨〔영〕Korea(코리아). 〔독〕die Republik Korea(디 레푸블릭 코레아). 〔불〕Corée(꼬레). 〔일〕韓國(강고꾸) 〔중〕韓國(한꿔)

175. 이머리 모양으로 해주세요.

메이크 이트 더 세임 스타일

영 : Make it the same style

플리즈

please.

덴 글라이헨 쉬틸 비테

독 : Den gleichen Stil, bitte.

당 르 멤 스띨

불 : Dans le meme style.

고 노가미가다 니 시 데 구다 사 이

일 : この髪型にして下さい.

슈청쩌거파싱빠

중 : 梳成这个髮型吧.

◇회화를 위한 기본 단어

- 영국⇨〔영〕Great Britain(그레이트 브리튼). 〔독〕Groß britannien(그로스 브리타니엔). 〔불〕l'Angleterre(랑글떼르). 〔일〕英國(에이고꾸). 〔중〕英國(잉꿔)

176. 이 카메라에 필름을 넣어 주세요.

플리즈 푸트 어 로울 오브 필름
영 : Please put a roll of film
인 디스 캐머러
in this camera.

비테 레겐 지 아이넨 필름
독 : Bitte legen Sie einen Film
인 디젠 포토아파라트 아인
in diesen Fotoapparat ein.

메떼 윈 뻴리뀔 당
불 : Mettez une pelicule dans
라빠레이예
l'appareil.

고 노 가 메 라 니 휘 루 무 오 셋
일 : このカメラにフィルムをセッ
도 시 데 구다 사 이
トして下さい.

빠이 거자오펜 께이 워 쫭자이 쩌 거짜오
중：把一个膠片給我装在这个照

샹찌리빠
相机里吧.

◇회화를 위한 기본 단어

● 파랑⇨〔영〕blue(블루). 〔독〕blau(블라우) 〔불〕bleu(블뢰). 〔일〕青(아오). 〔중〕藍色(란서)

● 노랑⇨〔영〕yellow(옐로우). 〔독〕gelb(겔프). 〔불〕jaune(존). 〔일〕黃色(기이로). 〔중〕黃色(황서)

177. 이것을 현상해 주세요.

디벨로프 디스 필름, 플리즈
영 : Develop this film please.

엔트비켈른 지 비테 디젠
독 : Entwickeln Sie bitte biesen

필름
Film.

데블로뻬 스 필름
불 : Developpez ce film.

고 레 오 겐조오 시 데 구다 사 이
일 : これを現像して下さい.

쩌거자오좐께이워센상빠
중 : 把这个膠卷給我显象吧.

◇회화를 위한 기본 단어

- 갈색⇨〔영〕brown(브라운). 〔독〕braun(브라운). 〔불〕brun(브룅). 〔일〕茶(짜) 〔중〕茶色(차서)
- 분홍⇨〔영〕pink(핑크). 〔독〕rosa(로자) 〔불〕rose(로즈). 〔일〕ピンク(삥꾸). 〔중〕粉紅色(펀홍서)

178. 전보 용지를 주세요.

기브 미 어 텔리그램 블랭크,
영 : Give me a telegram blank,

플리즈
please.

비테 게벤 지 미르 아인
독 : Bitte, geben Sie mir ein

텔리그람포르물라르
Telegrammformular.

도네모와 윙 포르밀레르
불 : Donnez-moi un formulaire

드 뗄레그람 실 부
de télégramme, s'il vous

쁠레
plaît.

라이신시 오 구다사이
일 : 頼信紙を下さい.

께이워이짱뗸빠오찌
중 : 給我一張電報紙.

179. 이 전보를 쳐 주세요.

센드 디스 텔리그램, 플리즈
영 : Send this telegram, please.

비테 시켄 지 디제스
독 : Bitte, schicken Sie dieses

텔그람
Telegramm.

엑스뻬디에 스 뗄레그람
불 : Expediez ce telegrammme,

실 부 쁠레
s'il vous plait.

고 노 덴뽀 오 웃 데 구다 사 이
일 : この電報を打って下さい.

께이워다쩌짱뗀빠오빠
중 : 給我打这張電報吧.

◇회화를 위한 기본 단어

● 중국⇨〔영〕China(차이나). 〔독〕China(키나). 〔불〕Chine(신). 〔일〕中國(주우고꾸). 〔중〕中國(쭝꿔)

180. 일본에 국제 전보를 치고 싶습니다.

아이 원트 투 센드 어 케이블 투 저팬

영 : I want to send a cable to Japan.

이히 뫼흐테 아인 텔레그람 나하 야판 시켄

독 : Ich möchte ein Telegramm nach Japan schicken.

즈 데지르 엑스뻬디에 윙 까블 오 자뽕

불 : Je désire aupédier un câble au Japon.

니 뽕 에 고꾸사이덴뽀우 오 우 찌 다 이

일 : 日本へ国際電報を打ちたい.

워야오왕리번다이짱궈찌뗀빠오

중 : 我要往日本打一張国际電報.

왕초보
5개국어
회화

초판 1쇄 인쇄 | 2022년 2월 25일
초판 1쇄 발행 | 2022년 2월 30일
지은이 | 좋은언어연구회
펴낸곳 | 태을출판사
펴낸이 | 최원준
등록번호 | 제1973.1.10(제4-10호)
주소 | 서울시 중구 동화동 제 52-107호(동아빌딩 내)
전화 | 02-2237-5577 팩스 | 02-2233-6166
ISBN 978-89-493-0659-9 13700